Antje Dohrn   So wird die Hochzeitsfeier zur Party!

Antje Dohrn

So wird die Hochzeitsfeier zur Party!

Zum Thema bereits erschienen:

Antje Dohrn:
Lustige Sketche für Familienfeste
ISBN 3-332-01246-0

Andrea Klein:
So gelingt Ihre Hochzeitszeitung
ISBN 3-332-01333-5

Mechthild Aderholz:
Der perfekte Hochzeitsplaner
ISBN 3-332-01335-1

Maya Hasenbeck, Eckart Bücken:
Unser Hochzeitsalbum
ISBN 3-332-01294-0

Sybil Gräfin Schönfeldt:
Die schönsten Hochzeitsbräuche
ISBN 3-332-01288-6

Elke Müller-Mees:
Kindersketche für Familienfeste
ISBN 3-332-01298-3

Imke Ehlers:
Hochzeitsreden
ISBN 3-332-01244-4

Gerald Drews:
Festreden
ISBN 3-332-01289-4

Die Autorin: Antje Dohrn ist Studienrätin für Deutsch und Französisch mit Unterrichtserfahrung in Schule und Universität. Sie lebt in Berlin und schreibt erfolgreiche Ratgeber – zuletzt den Urania-Bestseller »Lustige Sketche für Familienfeste«.

Die Deutsche Bibliothek – CIP-Einheitsaufnahme
Ein Titeldatensatz für diese Publikation ist bei Der Deutschen Bibliothek erhältlich.

www.dornier-verlage.de
www.urania-verlag.de

1. Auflage März 2002
© Urania Verlag, Berlin
Der Urania Verlag ist ein Unternehmen der Verlagsgruppe Dornier.

Die Verwertung der Texte und Bilder, auch auszugsweise, ist ohne Zustimmung des Verlages urheberrechtswidrig und strafbar. Dies gilt auch für Vervielfältigungen, Übersetzungen, Mikroverfilmungen und für die Verarbeitung mit elektronischen Systemen.

Die Schreibweise entspricht den Regeln der neuen Rechtschreibung.

Umschlaggestaltung: Behrend & Buchholz, Hamburg
Titelfoto: Corbis Stock Market / Ariel Skelley
Redaktion: Dr. Marianne Jabs
Gestaltung und Satz: Typografik & Design
Druck: Westermann Druck Zwickau
Printed in Germany

ISBN 3-332-01299-1

Inhalt 5

8 Vorwort

9 So gelingt Ihre Überraschung

10 Ihr Team
11 Zur Organisation
14 Der passende Sketch
15 Spiele, neue alte Bräuche und andere Ideen

17 Sketche

18 Ganz die Tochter
21 Heißer Flirt am kalten Büfett
24 Köche unter sich
26 Die Überraschungstorte
28 Eine ganz besondere Hochzeit
32 Im Ring
36 Alte Bräuche
40 Chinesische Hochzeitsgäste
43 Das Hochzeitskleid
44 Kleine Pannen in der Hochzeitsnacht
46 Die Hochzeitsshow
48 Perlen vor die Gäste
50 Brautsuche am PC
52 Das Hochzeitsfoto

Inhalt

55 Spiele

56 Kennenlernspiele
56   Woher kommst du?
57   Das Fotospiel
59   Die Schlacht um das letzte Gürkchen

60 Souvenirs für das Brautpaar
60   Küsse für das Brautpaar
61   Das große Hochzeitsbuch
62   Hochzeitsfotos
63   Das letzte Dinner auf der Titanic
64   Vertonte Gedichte

65 Wettkämpfe und Quizaufgaben
65   Das Krimispiel
66   Weißt du, wer ich bin?
68   Hochzeitsmaler
69   Der Schnuppertest
70   Mit Kopf, Mund, Hand und Fuß
71   Berühmt für einen Tag
72   Gretchenfragen
73   Die Hochzeitsreise
74   Weissagungen für das Brautpaar
75   Herr Ober!
77   Große Liebespaare
78   Wollt ihr wirklich nach Jerusalem?

79 Shows
79   Die Dia-Show
80   Die Überraschungsauktion
81   Die Playback-Show

82	Tanzspiele
82	Seiltanz ins Glück
83	Paarseiltanz
84	Hochzeitswalzer
85	Einfrieren
86	Lichtertanz
87	Fackeltanz
88	Storchentanz

89 Alte Bräuche neu verpackt

90	So feierten die Großeltern – so feiern wir heute
90	Die Suppe auslöffeln
91	Der süße Glücksbrei
92	Hochzeitspaar auf der Flucht
93	Küsse über die Hochzeitstorte
94	Ohne Fleiß kein Brautstraußpreis!
95	Brautmaien
96	Hochzeitstortenessen asiatisch
97	Die magische Türschwelle
98	Das Flitterwochenspiel
99	Something old, something new …
100	Reis und Bonbons
101	Hochzeit hier und dort – andere Länder, andere Bräuche
101	In Europa
104	In anderen Erdteilen

109 Zum Schluss: Gedanken über Liebe und Ehe

Liebe Leserin, lieber Leser,

Zwei haben sich gefunden, sich ineinander verliebt, sich lieben und schätzen gelernt. Sie wollen die längstmögliche Zeit ihres Lebens auf die allerschönste Weise in guten wie in weniger guten Zeiten zusammen verbringen und ihre Verbundenheit durch eine Hochzeit besiegeln. Sie wollen ihre Familie und Freunde an diesem fröhlichen Ereignis in Form eines unvergesslichen Festes teilhaben lassen.
Familie und Freunde wiederum möchten dem Paar zeigen, dass sie den beiden sowohl heute, hier und jetzt am Hochzeitstag, als auch in der Zukunft mit Rat und Tat, Geduld, Humor und all ihren Stärken in den schönen und schwierigen Momenten ihrer Ehe zur Seite stehen werden.
Die Hochzeit ist ein einmaliger Tag, der für die Gäste, aber ganz besonders für das Brautpaar, zu einem Ereignis werden soll, an das sich alle gern erinnern. Was gibt es daher Besseres für das Brautpaar als eine fröhliche und ausgelassene, schwungvolle, auf- und anregende Feier, die von Anfang an die bösen Geister vertreibt und den Startschuss für ein harmonisches und gleichzeitig lebendiges Eheleben auslöst? Und während das Paar sich darüber Gedanken macht, wie es einen ausgeglichenen, phantasievollen und abwechslungsreichen Ehealltag verwirklichen kann, nehmen an diesem besonderen Ehrentag einmal Freunde und Familie das Zepter in die Hand, ...
... denn so wird die Hochzeitsfeier zur Party!

Viel Erfolg und Spaß wünscht Ihnen

Antje Dohrn

So gelingt Ihre Überraschung

Die Hochzeitsfeier kann mit viel Spaß von Freunden und Verwandten organisiert und gestaltet werden.
Überraschungen in Form von Spielen, Aufführungen und anderen Darbietungen einzelner und mehrerer Gäste sorgen für ein abwechslungsreiches und fröhliches Programm, das die Brautleute in den Mittelpunkt stellt und sich in Form und Inhalt um sie rankt, den beiden aber zugleich Zeit und Muße lässt, die eigene Hochzeit voll zu genießen.

Zum Umgang mit diesem Buch

Dieses Buch versteht sich als Leitfaden zur Planung von Hochzeitsfeiern aller Arten, unter allen Umständen, mit Personen aller Nationalitäten, in (fast) allen Umgebungen und in allen Konstellationen. Das Brautpaar selbst und die Familienangehörigen sowie alle anderen, die das große Fest planen und mitgestalten und dadurch zu seinem Gelingen beitragen, finden hier eine Vielzahl von unterschiedlichen, vielseitig einsetzbaren, erprobten und für jeden Geschmack und jede Gesellschaft passenden Sketchen, Spielen und anderen spaßigen Handlungen, die der Hochzeitsfeier erst die richtige Würze geben und die Gäste einander und dem Brautpaar näher bringen.

Die Themen der Aufführungen und Spiele kreisen oftmals um mehr oder weniger bekannte Hochzeitsbräuche und Traditionen aus unserem Land und anderen Ländern, die in vielen Gegenden die Zeit überdauert haben und von Generation zu Generation auf Hochzeiten weitergegeben werden.

Ihr Team

Best man, bride's maid und maid of honor

In den USA ist die wichtigste Person für den Bräutigam sein *best man*. Dieser hält den Trauring bis zum Austausch in Verwahrung, bezahlt die Geistlichen, unterschreibt als Trauzeuge die Heiratsurkunde, hält die Hochzeitsansprache und ist für die Unterhaltung der Gäste verantwortlich.

Der Braut steht dementsprechend die *bride's maid* (Brautjungfer, unverheiratet) oder ihre *maid of honor* (Ehrendame, verheiratet) zur Seite. Oftmals ist sie eine Schwester oder enge Freundin der Braut. Diese schreibt die Einladungskarten, hilft der Braut bei der Wahl und Anprobe des Hochzeitskleides und der Accessoires, und sie organisiert auch einen Monat vor der Hochzeit die *bridal shower* – ein

Fest, zu dem nur Frauen eingeladen sind, die auf die Braut für ihren neuen Hausstand nützliche Gegenstände wie eine warme Dusche regnen lassen.
Auch bei unseren Hochzeiten gibt es oft zwei derartige Personen, die sich um die Hochzeits- und Hochzeitsfeiervorbereitungen kümmern. Man kann diese amerikanische Tradition zur Entlastung der beiden Auserwählten aber auch etwas verändern und die Aufgaben der Vorbereitung und Organisation des Festtages an mehrere Freunde verteilen. Vor allem bei der eigentlichen Feier bietet es sich an, mehrere Personen einzubeziehen, die – mit ein paar organisatorischen Vorüberlegungen, vielen unterschiedlichen Ideen, Teamgeist, etwas Geschick, guter Laune und einer Portion Glück – die Feier zu einer richtigen Hochzeitsparty machen können.
Hier gilt nämlich:
Viele Köche machen den Brei erst interessant!

Zur Organisation

Feier im Saal oder im Freien

Die Sketche, Spiele und anderen Aufführungen und Ideen in diesem Buch eignen sich gleich gut für die Feier im Saal wie für Hochzeiten unter freiem Himmel. Alle Gegenstände, die Sie brauchen werden, das Mobiliar und andere Accessoires sowie Ton- und Lichtquellen lassen sich mit etwas Mehraufwand an Planung und Ausstattung sowohl drinnen als auch draußen problemlos einsetzen.
Vor den Aufführungen sollten folgende Fragen durchdacht und geklärt werden:

- Gibt es eine feste Tischordnung (z. B. in einem Restaurant) und/oder ein Büfett mit festem Platz? Ist genug Raum für eine Aufführung vorhanden, oder können die Tische/das Büfett

nach dem Essen beiseite gestellt werden, um Platz dafür zu schaffen?
- Steht evtl. ein kleines Podium oder eine Möglichkeit, eine Bühne zu improvisieren, zur Verfügung? Wo können die Darsteller sich umziehen? Gibt es einen Off-Bereich (Hinterraum) für Geräusche, unverhoffte Auftritte und andere Effekte?
- Können alle Gäste auf ihren Plätzen mit uneingeschränkter Sicht dem Programm folgen bzw. sich daran ohne Umstände beteiligen? Gibt es genug Sitzplätze, wo und für wen kann man gegebenenfalls Stehplätze einrichten?
- Sind in der Nähe der »Bühne« Steckdosen vorhanden, sodass Sie die Musikanlage, den Verstärker und zusätzliche Lichtquellen anschließen können?
- Wie ist die Akustik im Raum oder Garten? Können alle dem Geschehen folgen, oder müssen zusätzliche Verstärker oder ein Mikrofon besorgt werden?
- Müssen Sie mit störenden Neben- oder Hintergrundgeräuschen (Blaskapelle, Bowlingbahn) rechnen, die Sie evtl. vorher ausschalten oder reduzieren können?
- Spenden die vorhandenen Lichtquellen genug Helligkeit, oder müssen Sie zusätzliche bereitstellen?
- Gibt es eine Wand oder (draußen) eine mobile Leinwand, auf die Sie Dias o. Ä. projizieren können?
- Ist die Sitzordnung der Hochzeitsgäste so gut durchdacht, dass die Kommunikation zwischen ihnen gefördert wird? Dazu zählt auch, dass Personen, die zwar das Brautpaar von Herzen gern haben, aber einander spinnefeind sind, nicht unbedingt nebeneinander sitzen, dass schwerhörige Greise und kurzsichtige Tanten einen Platz in größtmöglicher Nähe zur Aufführung bekommen und dass die sich schnell langweilenden Kinder und hungrigen Säuglinge eher in Nähe der Ausgänge platziert werden sollten.

- Bedenken Sie auch die unterschiedlichen Nationalitäten, die z. B. bei einer multikulturellen Hochzeit anwesend sein werden. An sich sind die Sketche, Spiele und Späße in diesem Buch inhaltlich international verständlich, mitunter wird aber das eine oder andere inhaltliche Detail, der Hintergrund oder die Anspielung eines Wortes, sprachlichen Ausdrucks oder Wortspiels nicht gleichermaßen schnell verstanden. Dann sollten Sie den Text verändern oder eine kurze Erklärung einflechten.
- Zur guten Planung gehört auch das Aufstellen eines Zeit- und Geld-Budgets, das Ihrem Team zur Verfügung steht – z. B. für Kostüme, technische Ausstattung, Bühnenbilder, Accessoires und anderes »Beiwerk«. Grundsätzlich sind die Aufführungs- und Spielideen so angelegt, dass sie sich auch ohne großen Zeitaufwand für Einstudierung und Vorbereitung und ohne großen Material- und Kostenaufwand umsetzen lassen. Hier sollte jede Hochzeitsgesellschaft nach eigenen Vorstellungen und gemäß den individuellen zeitlichen und finanziellen Bedingungen entscheiden, was an »Material« noch hinzukommen oder weggelassen werden kann.

Wer macht was?

All diese Fragen können entweder von dem gesamten Team gemeinsam geklärt werden, oder einzelne Personen übernehmen im Vorfeld der Vorbereitungen feste Aufgaben, für deren Lösung sie dann verantwortlich sind. Bei den Spielen ist das sicherlich nicht notwendig, hier reichen meist ein(e) Spielleiter(in) und ein(e) Assistent(in). Bei den Sketchen jedoch, die einen größeren Vorbereitungsaufwand beanspruchen, kann es durchaus hilfreich sein, mehrere Personen festzulegen, die sich dann um folgende Einzelbereiche kümmern:

- Organisation
- Regie
- Bühnenbild, Mobiliar und Dekoration

- Kostüm
- Maske
- Requisiten
- Beleuchtung
- Ton
- Soufflieren
- Inspizienz (Übersicht und Kontrolle der gesamten Aufführung)

Der passende Sketch

So finden Sie den passenden Sketch

Ein Sketch ist ein Theaterstück im Miniaturformat bzw. eine kleine dramatische Szene, die kurz in ironisch-witziger Weise eine meist alltägliche bzw. vertraute Situation skizziert. Diese Situation spitzt sich immer mehr zu und findet schließlich nach einigen Überraschungen im Handlungsverlauf ihren Höhepunkt in der Abschlusspointe. Sketche eignen sich besonders gut für große Feste, da sie zur Unterhaltung des Brautpaares und der Gäste beitragen, mehrere Personen einbeziehen, für Abwechslung im Programm sorgen und gute Stimmung verbreiten.
Wie finden Sie den optimalen Sketch für Ihren Anlass?
Die Antwort hängt von mehreren Faktoren ab, z. B.:

- Der Sketch muss auf die Gastgeber und Gäste abgestimmt sein.
- Sie brauchen passende Darsteller für die verschiedenen Rollen.
- Bühnenbilder, Mobiliar, Kostüme und Requisiten sollten frühzeitig besorgt und ausprobiert werden.
- Werden mehrere Sketche hintereinander aufgeführt, so sollte auf Abwechslung hinsichtlich der Länge, Themen und Personenanzahl der Stücke geachtet werden, damit jeder Sketch seine Wirkung beim Publikum entfalten kann und die Konzentration erhalten bleibt.

- Bei mehreren aufeinander folgenden Sketchen ist ebenfalls an mögliche Kostümwechsel und Umbauten zu denken; insgesamt sollte die Bühne bzw. die zur Verfügung stehende Aufführungsfläche vor Beginn genau inspiziert werden (siehe dazu S. 11–14: *Zur Organisation*).

Um der Nervosität der Laienschauspieler vorzubeugen, ist es oft hilfreich, eine zweite Rollenbesetzung und ein bis zwei Proben vor der eigentlichen Aufführung am Hochzeitstag einzuplanen. Spaß und Freude am gemeinsamen Spiel sollten jedoch bei aller ernsthaften Planung immer im Vordergrund stehen, und ein bisschen Improvisation gehört auch bei der besten darstellerischen Umsetzung eines Sketches einfach dazu!

Pannenhilfe

Sollte im Verlauf der Aufführung etwas schief gehen, ein Darsteller also schlagartig seinen Satz vergessen, stolpern, lachen müssen oder ein Zuschauer lauthals vor Rührung in Tränen ausbrechen, so wird der Sketch eben kurz unterbrochen, der kleine Zwischenfall gegebenenfalls kurz und humorvoll kommentiert und dann weitergespielt oder (falls das Malheur im Anfangsstadium der Aufführung geschieht) noch einmal von vorne begonnen.

Mit der richtigen Einstellung kann bei diesem Programmpunkt eigentlich gar nichts schief gehen, und ganz sicher wird ein nicht ganz perfekt gelungener Sketch nicht der Grund dafür sein, dass es sich das Brautpaar doch noch anders überlegt …

Spiele, neue alte Bräuche und andere Ideen

Kennenlernspiele und andere Kontaktmöglichkeiten

Spiele geben Hochzeiten oftmals erst den richtigen Partycharakter. Besonders die Kennenlernspiele am Anfang der Feier, wenn viele Gäste, die sich nicht, bzw. nicht so gut

kennen, zusammenkommen, bauen Berührungsängste ab und ebnen so den Weg für eine angenehme Stimmung, zu wechselseitigem Austausch und neuen Bekannt- und Freundschaften. Spiele im weiteren Verlauf der Feier sorgen dafür, dass die Gäste zunächst einmal unverbindlichen Gesprächsstoff haben und sich darüber hinaus im Laufe des Tages / Abends miteinander und mit den wechselseitigen Interessen und Eigenheiten bekannt- und vertraut machen können.
Schön an Spielen ist auch, dass Vertreter verschiedener Generationen, sozialer Schichten und Berufsgruppen, Geschlechter und Nationalitäten zusammengewürfelt werden, die sich sonst vielleicht nicht so schnell zusammengefunden hätten. Das schafft neue Kontakte.

Jeder kann mitmachen

Die in diesem Buch vorliegenden Spielvorschläge eignen sich für jede Hochzeitsfeier und sind nicht von einer bestimmten Zusammensetzung der Festgesellschaft abhängig. Alte und junge Leute, kleine und große Personen, Frauen, Männer und Kinder, alle Nationalitäten und sowohl versehrte als auch unversehrte Gäste können ihren Spaß haben.
Wie schon bei den Sketchen ist es auch bei den Spielen wichtig, die Möglichkeiten des Raumes und die Eignung bzw. Bereitschaft der Spielenden zu berücksichtigen sowie auch hier für Abwechslung im Programm zu sorgen. Ansonsten benötigt man für die Durchführung der Spielideen ein Minimum an Aufwand und Zubehör: Meistens tun es ein paar leicht verfügbare Requisiten, Stift und Papier.
Mitunter muss der eine oder andere schüchterne oder spielmuffige Gast erst zum Mitmachen überredet werden, denn viele Erwachsene spielen – abgesehen von Anlässen wie Hochzeiten und anderen besonderen Feiern – nicht gerade oft. Sie sind daher anfangs manchmal ein bisschen gehemmt und reagieren ablehnend. Das gibt sich fast immer schnell – nur wenn jemand gar nicht mag, soll man ihn nicht zwingen.

Sketche

Was lässt sich nicht alles im Hochzeitssketch darstellen: Die kleinen Macken der Brautleute, ihre mal romantische, mal komische Geschichte oder auch ihr Vorleben ...
Erlaubt ist, was gefällt, denn so manche(r) wird sich bestimmt wieder erkennen!

Ganz die Tochter

Sketchdauer: ca. 10 Minuten | **Personen:** Gäste im Hintergrund, die sich miteinander unterhalten, darunter eine gepflegt aussehende, elegante Frau um die 50 in einem cremefarbenen oder hellbeigen Kostüm, der Bräutigam Jens und sein alter Jugendfreund Stefan, beide Anfang 30 | **Requisiten:** Kleine Teller mit Häppchen o. Ä., Sektgläser | **Zeit:** Nachmittags | **Ton:** Hintergrundmusik nach Belieben | **Eingangsszene:** Auf der Bühne sieht man Gäste, die zu zweit oder in kleinen Gruppen locker zusammenstehen, miteinander lachen und reden. In ungezwungener Atmosphäre nehmen sie Häppchen von ihren Tellern oder einen Schluck Sekt aus ihren Gläsern zu sich. Jens steht in Gedanken versunken etwas von der Gruppe entfernt und schaut in Richtung der eingangs beschriebenen Frau. Vor Freude strahlend, mit großen Schritten und einer einladenden Handbewegung eilt sein alter Jugendfreund Stefan auf ihn zu und umarmt ihn herzlich.

Stefan: *(lachend)* Mensch, Jens! Endlich habe ich dich gefunden!! Ich suche dich schon seit einer Weile. Entschuldige, dass ich eure Trauung in der Kirche verpasst habe; mein Flugzeug hatte Verspätung!

Jens: *(ihm auf die Schulter klopfend)* Macht nichts! Schön, dass du noch gekommen bist!

Stefan: Ist doch Ehrensache! Wir haben uns ja ewig nicht mehr gesehen. Auch deine Frau kenne ich noch gar nicht. *(vorwurfsvoll)* Wenigstens ein paar Bilder von euch beiden hättest du mir ja vorher schon einmal schicken können!

Jens: *(entschuldigend)* Da hast du eigentlich Recht, aber die letzten Monate waren so hektisch! In der Firma gab es unendlich viel zu tun, dann die ganzen Hochzeitsvorbereitungen und *(die Augen verdrehend)* zu allem Überfluss kam dann auch noch

	die Alte *(Kopfbewegung zu der Dame im Kostüm)* – Karlas Mutter – jeden zweiten Tag vorbei, um uns zu fragen, ob wir auch an diese und jene Unwichtigkeit gedacht hätten ... Furchtbar!
Stefan:	*(ebenfalls zu der Dame hinblickend und lachend)* Du Ärmster! Ist deine Schwiegermutter so anstrengend?
Jens:	*(seufzend)* Anstrengend ist gar kein Ausdruck! Aber sie ist eben auch nicht mehr die Jüngste, und da muss man ihr wohl so Einiges nachsehen.
Stefan:	*(mit einem kurzen Blick auf die Dame und überrascht)* Nein, sicher ist sie nicht mehr die Jüngste, aber sie hat sich doch verdammt gut gehalten, das musst du zugeben.
Jens:	*(mit fragendem Blick)* Was meinst du?
Stefan:	*(bekräftigend)* Also ich finde, dass sie sehr jung wirkt. Entweder geht sie alle zwei Tage zur Kosmetikerin, oder sie lag schon ein paar Mal unterm Messer.
Jens:	*(runzelt die Stirn)* Hm?
Stefan:	*(ihm versöhnlich den Arm tätschelnd)* Junge, du kennst die Frauen nicht! Wie früher! Die machen ab einem bestimmten Alter fast alles, um ein paar Minuten jünger auszusehen: Wässerchen, Cremes, Hungerkuren ohne Ende, vorteilhafte Kleidung ... *(mit einer dramatischen Handbewegung, als ob er jemanden köpfen würde)*, notfalls das Skalpell!!
Jens:	*(zuhörend)* Hm.
Stefan:	*(ihn unterbrechend und mit dem Kopf in Richtung der Dame deutend, die die beiden jetzt gesehen hat, sich langsam von ihrer Gruppe löst und lächelnd zu ihnen herüberkommt)* Natürlich ist sie nicht mehr taufrisch, und ihre Zickigkeit springt ihr geradewegs aus dem Gesicht. An ihrem etwas unsicheren Gang kann man sehen, dass sie diese Art von Schuhen lieber nicht mehr tragen sollte, und den Teller darf sie sich nicht noch ein zweites Mal volladen *(kichert)*, sonst sind die Reste der guten Figur bald völlig hin! Eine gewisse reife

	Attraktivität ist ihr aber schon noch zuzubilligen, findest du nicht?
Jens:	*(mit zusammengepressten Lippen)* Hm.
Stefan:	*(legt verschwörerisch den Zeigefinger an die Lippen und flüstert)* Keine Angst, ich sage keinen Ton! *(Mit einem Augenzwinkern)* Ich weiß doch, was sich gehört! *(Die Dame hat die beiden jetzt erreicht, hakt sich bei Jens unter und küsst ihn lächelnd auf die Wange)*
Karla:	Hallo, Liebling! Willst du mir deinen Freund nicht vorstellen? *(Stefan zuckt zusammen und lässt sein Glas fallen)*

Heißer Flirt am kalten Büfett

Sketchdauer: ca. 10 Minuten | **Personen:** Gäste im Hintergrund, die sich miteinander unterhalten, eine junge Frau, ein junger Mann mit Pomade im Haar, der übertrieben galant auftritt | **Requisiten:** Aufgebautes Büfett mit Tellern und Schüsseln etc., kleine Teller mit Häppchen o. Ä., Sektgläser, festliche Kleidung | **Ton:** Hintergrundmusik nach Belieben | **Eingangsszene:** Die Frau steht allein vor dem Büfett und schaut konzentriert auf die Häppchen und Speisen vor ihr, von denen sie dann zögerlich das eine und andere auf ihren Teller legt. Plötzlich kommt mit schwungvoll ausladenden Schritten der junge Mann auf sie zu, stellt sich nahe neben sie und starrt sie ungläubig an. Sie weicht automatisch einen Schritt zur Seite, wobei versehentlich das Häppchen, das sie sich gerade aus einer Schüssel genommen hat, in diese zurückfällt. Mit einer Mischung aus Erstaunen und Ärger schaut sie ihn an.

Mann: *(vor ihr auf die Knie fallend)* Gnädige Frau! Verzeihen Sie mir, aber ich bin *(betont)* entzückt! Noch nie hat eine Frau schon von Weitem derartige Gefühle in mir ausgelöst. *(greift nach ihrer Hand)* Und als ich dann beobachtet habe, mit welcher Anmut Sie sich am Büfett bewegten … Da hielt mich einfach nichts mehr, und ich musste zu Ihnen eilen!

Frau: *(peinlich berührt ihre Hand wegziehend)* Stehen Sie sofort auf! Sie machen sich ja völlig lächerlich!

Mann: *(mit großen Augen und reuevoll)* Natürlich haben Sie Recht! *(steht auf)* Mein Verhalten ist ganz und gar unverzeihlich. Darf ich Ihnen denn wenigstens einen schönen Teller mit ein paar dieser Köstlichkeiten zurechtmachen?

Frau: *(winkt ab)* Bitte, bemühen Sie sich nicht. Ich komme schon allein klar!

Mann: *(legt schwärmerisch seine Hand aufs Herz)* Bitte! Sie würden mir so eine große Freude erweisen! Zu wissen, dass in Ihrem rosenknospigen Mund im Laufe des Abends einige Delikatessen schmelzen werden, die meine Wenigkeit Ihnen jetzt zu dieser Stunde ausgewählt hat … *(stöhnt und verdreht die Augen)*

Frau: *(angewidert)* Bitte gehen Sie jetzt auf der Stelle. Ich suche mir meine Häppchen lieber allein aus!

Mann: *(eifrig mit beiden Händen über den Schüsseln und Platten auf dem Büfett gestikulierend)* Wie wäre es mit etwas Entenleberpastete oder einem Scheibchen Lachs? *(legt etwas von beidem auf einen Teller)*

Frau: Ich bin …

Mann: *(sie unterbrechend)* Oder ist Ihnen eher nach den Wildschweinmedaillons und diesen niedlichen kleinen marinierten Hühnerbeinen? *(legt auch davon etwas auf den Teller)*

Frau: Ich bin …

Mann: *(sie wieder unterbrechend und schelmisch mit dem Zeigefinger der freien Hand drohend)* Aha, Sie wollen auch das vorhin heruntergefallene Häppchen! *(schaut in die betreffende Schüssel)* Na, da haben Sie sich aber vertan. Sieht aus wie Senfgemüse! *(wendet sich einer anderen Platte zu)* Da sieht doch die eingelegte Rinderzunge wesentlich besser aus. Und für Sie *(dreht sich mit einer Verbeugung zu ihr)* nur das Beste: die Zungenspitze! *(legt auch diese auf den übervollen Teller, den er ihr dann entgegenstreckt)*

Frau: *(die Hände hinter den Rücken versteckend und sich vor Ekel schüttelnd)* Ich habe eigentlich noch gar keinen richtigen Appetit! *(sieht sich nach allen Seiten Hilfe suchend um)* Ach, ich glaube, die Braut hat mir gerade ein Zeichen gemacht …

Mann: *(folgt ihrem Blick und schaut sie dann wieder schmachtend an)* Glauben Sie mir! Sie sind noch tausend Mal hübscher als

	Ihre junge Brautschwester! Und was würden <u>Sie</u> erst für eine bezaubernde Braut abgeben …
Frau:	*(wütend und laut)* Jetzt reicht's mir aber! Gehen Sie mir sofort aus den Augen, sonst landet der Inhalt Ihres liebevoll zusammengestellten Delikatessentellers nicht in meinem Rosenknospenmündchen, sondern auf Ihrem behaarten Schädel. Und dann noch etwas: Ich bin Vegetarierin, habe eine Vorliebe für Senfgemüse, und die Braut ist nicht meine Schwester, sondern meine Mutter!

Köche unter sich

Sketchdauer: ca. 10 Minuten | **Personen:** Zwei Köche | **Requisiten:** Zwei Stühle oder Hocker, Tisch mit Kochutensilien, weiße Kleidung und Schürzen | **Eingangsszene:** Die beiden Köche sitzen einander gegenüber. Sie machen einen erschöpften Eindruck. Der eine legt eine Kelle o. Ä. auf den Tisch neben sich, der andere zieht sich mit einem Seufzer die Kochmütze vom Kopf und lässt sie in den Schoß fallen.

Erster Koch:	*(seufzend)* Das ist ja gerade noch einmal gut gegangen. Es hätte noch schlimmer kommen können, und sie wird sich hoffentlich bald besser fühlen!
Zweiter Koch:	*(nickend und auf seine Kochmütze blickend, die er in seinen Händen hin und her dreht)* Ja, gerade noch mal gut gegangen!
Erster Koch:	Und dabei lief die ganze Feier gerade so wunderbar!
Zweiter Koch:	Ja, lief gerade so wunderbar.
Erster Koch:	Wir hatten das Büfett rechtzeitig vorbereitet, alle Gäste waren von der Auswahl begeistert, die Serviererinnen liefen hin und her wie die Rehe, Rudi und Kai haben sich unermüdlich um Nachschub aus der Küche gekümmert ...
Zweiter Koch:	Ja, unermüdlich um Nachschub gekümmert!
Erster Koch:	*(kopfschüttelnd)* Und dann plötzlich diese Panne!
Zweiter Koch:	*(nickend)* Ja, eine echte Panne!
Erster Koch:	Und dabei sollte die Hochzeitstorte doch den krönenden Höhepunkt bilden! ... Sie war perfekt gebacken und wunderbar verziert!
Zweiter Koch:	*(nickend)* Ja, schön gebacken und verziert war sie.
Erster Koch:	Das war ja auch nicht das Problem!
Zweiter Koch:	*(nickend und weiter in seinen Schoß blickend)* Nein, das war ja nicht das Problem.
Erster Koch:	*(seufzend)* Ich verstehe das einfach nicht! Ich arbeite nun schon seit über sechs Jahren in dieser Küche und dachte

	wirklich, alle Gläser und Töpfe mit ihren Inhalten in- und auswendig zu kennen.
Zweiter Koch:	Ja, seit sechs Jahren in- und auswendig.
Erster Koch	Wie konnte mir nur so etwas Blödes passieren!
Zweiter Koch:	Ja, so etwas Blödes!
Erster Koch:	*(vorwurfsvoll)* Ich hätte den Teig vor dem Backen noch einmal abschmecken sollen! Aber ich habe diese Art Torte so oft und erfolgreich gebacken, dass mir jeder Handgriff schon automatisch in Fleisch und Blut übergegangen ist.
Zweiter Koch:	Ja, in Fleisch und Blut automatisch.
Erster Koch:	*(nachdenklich)* Wenn ich genau darüber nachdenke, war dieser verdammte Unglückstopf heute Morgen ziemlich voll, obwohl ich gestern eine Menge Zucker verbraucht habe …
Zweiter Koch:	*(nickend)* Ja, gestern wurde eine Menge Zucker verbraucht.
Erster Koch:	*(leicht argwöhnisch)* Was hast du denn gestern noch gemacht, nachdem ich gegangen bin? Viel zu tun hattest du ja nicht mehr!
Zweiter Koch:	*(in seinen Schoß schauend und unruhig mit der Mütze spielend)* Nein, viel zu tun hatte ich nicht mehr.
Erster Koch:	*(nachhakend)* Und?
Zweiter Koch:	*(unsicher)* Ja, und …
Erster Koch:	*(nachdrücklich)* Und??
Zweiter Koch:	*(stockend)* Ja, und da habe ich eben die leeren und halb leeren Gläser und Töpfe ein bisschen aufgefüllt.
Erster Koch:	*(sich mit der Hand an die Stirn schlagend)* Na klar! Und dabei hast du wohl aus Versehen Zucker und Salz verwechselt.
Zweiter Koch:	*(betreten)* Ja, so muss es wohl gewesen sein. *(nach einer kleinen Pause aufatmend lächelnd)* Zum Glück hat ja nur eine davon gegessen, und alles ist – wie du vorhin gesagt hast – gerade noch einmal gut gegangen.
Erster Koch:	*(ironisch)* Sicher! Nur diese eine war die Braut, und die windet sich seit zwei Stunden in Magenkrämpfen anstatt in Walzertänzen!

Die Überraschungstorte

Sketchdauer: ca. 10 Minuten | **Personen:** Zwei Köche, zwei Küchenhilfen und der Küchenchef | **Requisiten:** Tische mit Töpfen und Pfannen, Gemüse und Obst, Kochmützen und Koch-/Küchenkleidung | **Ton:** Geschrei und Geschepper, aufgeregte, durcheinander redende Stimmen | **Eingangsszene:** Die beiden Köche stehen über ihren jeweiligen Tisch gebeugt und rühren in Töpfen und Pfannen. Die beiden Küchenhilfen schälen Gemüse, zerschneiden Obst und unterhalten sich dabei. Plötzlich kommt der Küchenchef wütend angerannt. Man hört Geschrei und Geschepper …

Küchenchef:	*(aufgeregt)* Hört ihr, wie sie toben? Wer ist für die Hochzeitstorte verantwortlich? *(Alle hören schlagartig mit ihren Tätigkeiten auf und sehen ihn verwundert an. Keiner spricht. Der Küchenchef wird noch aufgeregter)* Ich will sofort wissen, wer sich von euch um die Hochzeitstorte für diese Hochzeit gekümmert hat!!
Erster Koch:	*(beschwichtigend)* Die Torte hat doch unser Konditor …
Küchenchef:	*(ihn unterbrechend)* Es geht nicht um die Torte selbst! Wer hat die Überraschung organisiert?
Erste Küchenhilfe:	*(schüchtern)* Aber es wurde doch ausdrücklich eine Überraschungstorte bestellt.
Zweite Küchenhilfe:	*(ihr zur Hilfe eilend)* Ja, ich war dabei, als die Brauteltern das in Auftrag gaben.
Küchenchef:	Schon gut, schon gut! Wer aber ist denn gerade auf diese Art von Überraschung gekommen?
Zweiter Koch:	Na, so originell ist es doch nun auch wieder nicht, jemanden in einer Hochzeitstorte zu verstecken.
Erster Koch:	Meistens finden alle die Größe der Torte aufregender als den Inhalt selbst!
Zweiter Koch:	*(lachend)* Und zwar deshalb, weil dann jeder ein besonders

	dickes Stück ergattern kann!
Küchenchef:	Das war heute jedenfalls nicht der Fall. Diese Überraschung hätte jede Tortengröße in den Schatten gestellt!
Zweite Küchenhilfe:	Hat Sabine den Gästen denn nicht gefallen? *(da alle sich in ihre Richtung drehen, etwas zögerlich)* Die Brauteltern wollten doch eine besondere Überraschung, und da dachte ich sofort an meine kleine zierliche Freundin Sabine, die sich schon einmal auf einer Hochzeitsfeier in einer Torte versteckt hat und plötzlich auf ein Zeichen hin herausgesprungen kam. *(etwas trotzig)* Das fanden damals alle ganz toll, und es war der Höhepunkt der ganzen Party!
Erste Küchenhilfe:	*(zustimmend)* Ich finde das auch eine tolle Idee. Ein echter Höhepunkt! *(Alle außer der Küchenchef nicken zustimmend)*
Küchenchef:	*(verächtlich)* Ja, ein echter Höhepunkt war es allerdings! Aber eher der Höhepunkt der Unverschämtheit!
Erster Koch:	Findest du nicht, dass du jetzt etwas übertreibst? Worüber haben sich die Gäste denn so aufgeregt?
Zweiter Koch:	*(anzüglich)* War das zierliche Sabinchen etwa nackt?
Küchenchef:	*(abwinkend)* Wenn es das nur gewesen wäre!
Zweiter Koch:	*(interessiert)* Hat sie die Gäste beschimpft?
Erster Koch:	*(eifrig)* Oder war sie betrunken, weil sie zu viel an den in Kirschlikör getränkten Tortenwänden geknuspert hat?
Erste Küchenhilfe:	*(entrüstet)* So etwas würde Sabine niemals tun!
Erster Koch:	*(noch eifriger)* Vermutlich ist sie jemandem versehentlich ins Gesicht gesprungen!!
Küchenchef:	*(ironisch)* Das kommt der Sache schon etwas näher, obwohl »versehentlich« nicht der passende Ausdruck ist.
Zweite Küchenhilfe:	*(sachlich)* Was soll denn nun das ganze Theater, und wem und warum ist sie denn ins Gesicht gesprungen?
Küchenchef:	*(mit erhobenen Händen)* Theater? Eure kleine zierliche Sabine ist vor lauter Wut dem Bräutigam ins Gesicht gesprungen. Sie ist nämlich seine heimliche Geliebte! Allerdings wusste sie bis heute davon genau so wenig wie von seinen Hochzeitsplänen.

Eine ganz besondere Hochzeit

Sketchdauer: ca. 12 Minuten | **Personen:** Miriam und Odile, beide ca. 30 | **Requisiten:** Zwei Telefone und zwei Sitzgelegenheiten | **Ton:** Telefonklingeln | **Eingangsszene:** Die Bühne ist zweigeteilt. Rechts und links steht jeweils ein Sessel o. Ä. zum Publikum gerichtet. Miriam setzt sich und wählt die Nummer ihrer Freundin. Es klingelt. Odile läuft zum Telefon, nimmt das Gespräch entgegen und setzt sich ihrerseits.

Odile: Hallo?
Miriam: Hallo Odile, ich bin's, Miriam. Gut, dass du da bist. Ich muss dir unbedingt etwas erzählen!
Odile: Ich habe schon auf deinen Anruf gewartet! Ihr seid doch gestern aus den USA zurückgekommen, oder?
Miriam: Ja, gestern Mittag. Ich hätte dich am liebsten sofort angerufen, aber ich musste erst einmal mit dem Jetlag fertig werden und ein bisschen schlafen.
Odile: Verstehe! Wie war denn die Hochzeit? Bestimmt war es für alle ein einmaliges und unvergessliches Erlebnis!
Miriam: *(kichernd)* Unvergesslich war es auf jeden Fall, aber einmalig ...
Odile: *(leicht verwirrt)* Was meinst du? Ich glaube kaum, dass es sich Bernd und Andrea noch ein zweites Mal leisten werden, alle Verwandten und Freunde an die Ostküste einfliegen zu lassen um sich an den Niagara-Fällen trauen zu lassen. *(seufzt)* Wie romantisch und wie ausgefallen!
Miriam: *(ironisch)* Ja, die beiden wollen ja immer etwas ganz besonders Ausgefallenes sein und tun!
Odile: Ich weiß, dass du dich über ihre Art und Weise manchmal etwas ärgerst, aber dieses Mal scheint ihnen das doch mit ihrer Idee wirklich gelungen zu sein.
Miriam: *(bissig)* Eine tolle Idee, sicher. Nur kam es leider nicht zur Trauung!

Odile:	Nicht? Was ist denn passiert? Erzähl mal!
Miriam:	*(genüsslich)* Also – zunächst einmal waren einige Flüge verspätet und die Gäste dementsprechend gelaunt.
Odile:	Naja, Launen ändern sich doch aber meistens wieder schnell.
Miriam:	*(ihren Einwand ignorierend)* Zweitens hast du in den Nachrichten vielleicht von dem unerwarteten Schneefall im Staat New York gehört. Alle froren also wie die Schneider, und es war nichts mit netten Kostümchen und hochhackigen Schuhen.
Odile:	Konnte man denn nicht ein paar warme Mäntel und Strickjacken auftreiben?
Miriam:	Doch, ein paar schon! Aber nicht für die ganze, 40-köpfige Gesellschaft!
Odile:	Das ist natürlich ärgerlich, aber…
Miriam:	*(sie unterbrechend)* Wart's ab. Das ist noch längst nicht alles! Stell dir also die leicht übermüdete und durchgefrorene Hochzeitstruppe vor, wie sie hinter dem ebenso gestimmten Pfarrer zu den Wasserfällen schleicht, immer vorsichtig darauf bedacht, nicht auszurutschen und mit dem Gesicht im Neuschnee zu landen. *(kichert)*
Odile:	Du bist wirklich gehässig!
Miriam:	Nun komm schon, ich habe nur etwas Sinn für Humor! Schließlich war ich doch auch dabei!
Odile:	Sind denn wenigstens alle wohlbehalten am Zielort angekommen?
Miriam:	O ja, nur leider war der für die Trauung vorgesehene Platz so zugeschneit, dass wir uns einen anderen Ort suchen mussten.
Odile:	Auch das noch! Ihr musstet also noch weiter durch die Kälte laufen?
Miriam:	Ja, aber das war noch der lustigste Teil, denn einige Gäste verteilten zur Besserung der Stimmung singend Schlückchen aus ihren mitgebrachten Flachmännern.

Odile:	Habt ihr dann wenigstens bald einen besseren Platz für die Trauungszeremonie gefunden?
Miriam:	O ja, einen viel besseren Platz, ein bisschen windgeschützt und viel weniger Schnee!
Odile:	*(aufatmend)* Na, dann konnte es wohl doch noch losgehen!
Miriam:	Ja, es konnte schon losgehen. Leider war es aber so laut an unserem neuen Plätzchen, dass nur das Rauschen der Niagarafälle zu hören war.
Odile:	Also konnte keiner den Pfarrer hören!?
Miriam:	Ausgeschlossen! Zunächst versuchte er, lauthals das Tosen zu übertönen, aber die Natur Gottes ist eben stärker als der kleine Mensch ...
Odile:	Ja, und dann?
Miriam:	Nach dreimaligem Anlauf wollte er es pantomimisch versuchen, aber Bernd mochte sich zunächst nicht darauf einlassen. Er glaubte wohl, dass eine Trauung ohne Worte später angefochten werden könnte. Dazu kam noch, dass einige Gäste herumnörgelten, sie könnten weder etwas sehen noch hören.
Odile:	Das ist ja ein Alptraum von einer Trauung!
Miriam:	*(triumphierend)* Hab ich dir zu viel versprochen?
Odile:	Wie ging denn alles aus?
Miriam:	Schließlich gab Bernd nach, wir ließen die Nörgler auf die besten Stehplätze und der Pfarrer mühte sich mit Händen und Füßen ab, so gut er konnte. Ich glaube, das meiste wurde auch verstanden *(betont langsam)*, bis ...
Odile:	*(ungeduldig)* Bis was?
Miriam:	Bis es zum Ringaustausch kam!
Odile:	Ist dabei denn auch etwas schief gegangen?
Miriam:	*(lachend)* Schief gegangen? Nun, man könnte es so nennen! Die Hände des Trauzeugen waren durch die Kälte so klamm, dass ihm die Ringe bei der Übergabe an den Bräutigam in den Schnee fielen!

Odile:	Um Himmels willen! Das ist ja der Gipfel! Wie haben denn die Gäste und das Brautpaar darauf reagiert?
Miriam:	Alles schrie auf, der Bräutigam fiel in Ohnmacht, und der Pfarrer musste – wie ein Hirte seine Lämmchen – die aufgeregte Hochzeitsgesellschaft zurück in die warme Sicherheit ihrer Hotels führen.
Odile:	Und gestern sind dann alle wieder abgereist?
Miriam:	Die Gäste schon, aber das Brautpaar sucht wohl immer noch nach den Brillanten im Schnee!

Im Ring

Sketchdauer: ca. 15 Minuten | **Personen:** Braut und Bräutigam, Pfarrer, Trauzeuge | **Kostüme:** Hochzeitskleid und -schleier, Hochzeitsanzug, Pfarrerkleidung und festliche Kleidung für den Trauzeugen | **Requisiten:** Brautstrauß, Ring in kleiner Schmuckschatulle, ein Tisch mit zwei festlichen Blumengestecken | **Ton:** Musik des Hochzeitsmarsches | **Eingangsszene:** Links auf der Bühne und seitlich zum Publikum aufgestellt befindet sich ein Tisch, vor dem der Pfarrer wartend steht. Der Hochzeitsmarsch erklingt, und das Brautpaar schreitet feierlich Seite an Seite zum Pfarrer. Die Braut schaut dabei schüchtern auf den Brautstrauß in ihren Händen, der Bräutigam sieht mit erhobenem Kopf nach vorn.

Pfarrer: Liebes Brautpaar, liebe Brautgemeinde! Wir haben uns heute hier zusammengefunden, um miteinander ein festliches Ereignis zu begehen. *(schaut wohlwollend zum Brautpaar)* Elisa Dorfmann und Henrik Baier haben sich von Gott bestimmt zusammengefunden, um miteinander den heiligen Bund der Ehe einzugehen und einander in guten wie in schlechten Zeiten zu lieben und zu ehren. Wenn ich in die Gesichter dieser lieben Kinder Gottes sehe, dann sehe ich nur beidseitige Eintracht und tiefe Freude. Was ER aus guten Gründen zusammengeführt hat, das soll von nun an für ewig zusammenbleiben. Und sollte es jemanden geben, der einen Einwand gegen dieses Bündnis hat, dann spreche er jetzt oder schweige für immer! *(Das Brautpaar zieht in diesem Moment zusammen die Schultern hoch und hält die Luft an. Keiner spricht, alles ist still. Sie entspannen sich wieder. Der Pfarrer legt seine Hände auf ihre Köpfe)* Dann segne ich euch im Namen Gottes und mache euch zu Mann und Frau. Steckt

	euch jetzt zum Zeichen eurer gegenseitigen Verbundenheit die Ringe an!
Braut:	*(leise)* Der Ring! Na endlich! *(Der Trauzeuge kommt zum Hochzeitspaar und überreicht dem Bräutigam eine kleine Schmuckschatulle. Der Bräutigam öffnet sie. Die Braut beugt sich mit einer ruckartigen Kopfbewegung über das Kästchen und prallt mit einem kleinen, spitzen Schrei zurück)* Ah! Das kann doch nicht wahr sein!
Bräutigam:	*(irritiert)* Was? *(Der Pfarrer schaut ebenfalls höchst überrascht auf die Braut)*
Braut:	*(aufschreiend)* Ein Halbedelstein!!!
Bräutigam:	*(stolz)* Ja, ich dachte, zur Feier des Anlasses …
Braut:	*(entsetzt)* Das ist er nicht!
Bräutigam:	*(perplex)* Was meinst du?
Braut:	*(aufgebracht und auf den Ring zeigend)* Das ist nicht der Ring, den wir ausgesucht haben!
Bräutigam:	*(beschwichtigend)* Natürlich ist es der Ring!
Braut:	*(kopfschüttelnd)* Nein, ist es nicht! Ich wollte den Smaragd, und das hier ist ein Türkis!
Pfarrer:	*(beunruhigt)* Ist irgend etwas nicht in Ordnung?
Bräutigam:	*(beschwichtigend)* Nein, nein, alles ist in bester Ordnung. *(zur Braut)* Jetzt nimm dich bitte zusammen!
Braut:	*(stur)* Das ist ein Türkis, und ich wollte den Ring mit dem Smaragd!
Bräutigam:	Aber er ist doch sehr hübsch … und so schön blau!
Braut:	*(aufgebracht)* Ich bin nicht farbenblind! Türkise sind immer blau, und Smaragde sind grün!
Bräutigam:	Aber beim Juwelier hast du doch gesagt …
Braut:	*(ihn unterbrechend)* Ich weiß genau, was ich beim Juwelier gesagt habe!
Bräutigam:	Du fandest den Türkisring auch ganz hübsch!
Braut:	*(zischend)* Ja, ganz hübsch für Leute, die sich nicht den Smaragdring leisten können!

Bräutigam:	*(unsicher)* Aber du hast gesagt …
Braut:	*(wütend)* Ich habe gesagt, dass der Türkisring ein netter ERSATZ für ein Hochzeitspaar sei, das sparen muss, weil es nur ein kleines Gehalt hat. Das habe ich gesagt! Von uns war keine Rede!
Bräutigam:	Aber auch wir müssen …
Braut:	*(noch wütender, reißt sich den Schleier vom Gesicht und brüllt den Bräutigam an)* Na das fängt ja gut an! Wir sind noch nicht einmal verheiratet, und schon denkst du daran, Geld zu sparen!
Bräutigam:	*(flehend mit Blick auf den entsetzten Pfarrer)* Ich bitte dich! Nun beruhige dich doch wieder! So war das doch gar nicht gemeint!
Braut:	*(schluchzend)* Ich fasse es nicht! An meinem Ehrentag muss ich mir so etwas bieten lassen! Ein Halbedelstein! Was für eine furchtbare Blamage!
Bräutigam:	*(hilflos)* Also, wenn ich gewusst hätte, dass dir so viel daran liegt …
Braut:	*(lauter schluchzend)* So viel daran liegt? Wie stehe ich denn jetzt vor den anderen dar? Mechthilds Hochzeitsring besteht aus lauter kleinen Brillanten, und Heidis Ring ist ein Gedicht aus Platin und Rubinen!
Bräutigam:	Aber ich wusste doch nicht …
Braut:	*(schluchzend)* Wie oft habe ich davon in den letzten Tagen gesprochen! *(lauter schluchzend)* Wie kann mein zukünftiger Mann nur so unsensibel sein! *(schniefend)* Und dabei wollte ich doch nur ein einziges Mal heiraten …
Bräutigam:	*(plötzlich wachsam)* Was meinst du mit nur ein einziges Mal heiraten?
Braut:	*(weniger schluchzend)* Ein Ring bedeutet doch Einigkeit und Verbundenheit und *(mit einem Blick zu ihm)* eben <u>alles</u> zwischen zwei Menschen! Und wenn der Bräutigam schon hier so kleinlich ist, dann war es eben vielleicht doch nicht so eine gute Idee …

Bräutigam:	*(nervös)* Moment, so darfst du das aber nicht gleich sehen!
Braut:	*(ziemlich gefasst und sich mit dem Ärmel ihres Hochzeitskleides die Tränen trocknend)* Naja, dann eben beim nächsten Mal!
Bräutigam:	Bei welchem nächsten Mal??? *(lässt das Ringkästchen wieder zuschnappen und dreht sich zum Trauzeugen um)* Peter, bitte lauf schnell zu Juwelier Reinsfeld und tausch diesen Ring gegen den grünen in der Vitrine links aus. Er wird sich schon noch an mich erinnern, und *(wühlt in seiner Jackentasche)* hier ist meine Kreditkarte! *(Die Braut küsst den Bräutigam mit einem Juchzer, und der Pfarrer fällt in Ohnmacht!)*

Alte Bräuche

Sketchdauer: ca. 15 Minuten | **Personen:** Die beiden Freunde Giovanni und Alexander, 25–30 | **Kostüme:** Alltagskleidung **Requisiten:** Ein Tisch, zwei Bier- oder Weingläser mit Inhalt | **Ton:** Hintergrundmusik nach Belieben | **Eingangsszene:** Die beiden Freunde sitzen einander gegenüber am Tisch. Giovanni macht einen deprimierten Eindruck. Er hält den Kopf in die Hände gestützt und blickt missmutig vor sich hin. Alexander trinkt einen Schluck und stellt das Glas wieder auf den Tisch zurück.

Alexander:	Heute bist du aber wirklich in schlimmster Stimmung! Ich weiß schon gar nicht mehr, was ich noch erzählen soll, um dich ein bisschen aufzuheitern.
Giovanni:	*(missmutig)* Hm.
Alexander:	Kannst du nicht wenigstens mal andeuten, was dich in diesen trübseligen Zustand versetzt hat? Sonst bist du immer in so guter Stimmung!
Giovanni:	Ach, lass mal. Nicht so wichtig. Ich werde wohl lieber nach Hause gehen. *(trinkt sein Glas aus)*
Alexander:	*(protestierend)* Kommt überhaupt nicht in Frage! So lasse ich dich nicht allein! Irgendein Thema wird es wohl geben, das dich ein bisschen aufbaut ... *(überlegend)* Ja! Was ist denn eigentlich mit deiner Angelina? *(Giovanni zuckt bei der Nennung dieses Namens zusammen)* Habe lange nichts mehr von ihr gehört, und du warst doch so Feuer und Flamme für sie. *(Giovanni bedeckt sich die Augen mit den Händen und stöhnt gequält auf)* Du wolltest sie am liebsten vom Fleck weg heiraten! *(triumphierend)* Aha! Da liegt also der Hund begraben! Was ist denn passiert?
Giovanni:	Darüber will ich gar nicht sprechen!
Alexander:	*(aufmunternd)* Du denkst doch sowieso die ganze Zeit daran.

Alte Bräuche

	Komm, erzähl mal ein bisschen. Das hilft!
Giovanni:	Sie will mich nicht mehr sehen.
Alexander:	*(ungläubig)* Was? Ich denke, sie war ebenfalls ganz begeistert von dir? Sagtest du nicht, es sei Liebe auf den ersten Blick bei euch beiden gewesen?
Giovanni:	*(traurig)* Dachte ich ja auch.
Alexander:	Was ist denn passiert? Warst du nicht aufmerksam genug? *(besserwisserisch)* Frauen brauchen viel Aufmerksamkeit, weißt du!
Giovanni:	*(grollend)* Das brauchst du mir nicht zu sagen! Meine Eltern sind Italiener, und mein Vater erzählt mir seit meinem fünften Lebensjahr, wie ein Mann einer Frau anständig den Hof zu machen hat!
Alexander:	Ja, und hast du seine Ratschläge denn nicht berücksichtigt?
Giovanni:	Eben doch!
Alexander:	*(unverständig)* Das verstehe ich nicht!
Giovanni:	*(stöhnend)* Also, zuerst habe ich ihr ein Ständchen unter ihrem Fenster dargebracht.
Alexander:	*(skeptisch)* Aber du bist doch völlig unmusikalisch und kannst keinen Ton halten!
Giovanni:	*(mürrisch)* Ich weiß! Aber mein Vater sagt immer: Der Weg zum Herzen einer Frau geht durch ihr Ohr!
Alexander:	*(stirnrunzelnd)* Habe ich noch nie gehört! Das muss ein italienisches Sprichwort sein.
Giovanni:	Jedenfalls haben ihre Eltern die Polizei gerufen, um den angeblichen lärmenden Trunkenbold abholen zu lassen, und ich musste die halbe Nacht Konversation mit einem der Beamten machen.
Alexander:	*(lachend)* Das ist wirklich nicht witzig.
Giovanni:	Als Nächstes und um alles wieder gut zu machen, habe ich sie in das neue thailändische Restaurant eingeladen, von dem alle schwärmen.
Alexander:	Ins Bangkok Palace? Wow! Eine tolle Idee!

Giovanni:	*(abwinkend)* Vergiss es! Sie hasst alles mit Kokosmilch, Ingwer und Koriander, und Zitronengras erinnert sie an Gestrüpp.
Alexander:	*(mitfühlend)* Also auch hier kein Erfolg!
Giovanni:	Nicht wirklich, abgesehen von der Erfahrung, 10 Euro für eine Hühnerbeinsuppe ausgegeben zu haben, die die Dame am Ende gnädigerweise dann doch noch mit Todesverachtung zu sich nahm.
Alexander:	Jeder kann mal ein bisschen danebenliegen! Das ist doch aber kein Grund, dich gar nicht mehr sehen zu wollen!
Giovanni:	*(seufzend)* <u>Nie mehr</u>, hat sie gesagt!
Alexander:	Also wirklich! Was ist das denn für eine Frau!
Giovanni:	*(entschuldigend)* Vielleicht hätte sie es sich ja noch einmal überlegt, wenn dann nicht noch die Sache mit dem Baumstamm passiert wäre!
Alexander:	Die Sache mit dem Baumstamm? Hattet ihr einen Unfall?
Giovanni:	So ungefähr ... Mein Vater hat mir erzählt, dass der Verehrer seiner Angebeteten früher heimlich einen Baumstamm vor ihre Zimmertür legte, um zu prüfen, wie ernst es ihr mit ihm sei.
Alexander:	Davon habe ich auch schon einmal gehört. Wenn sie seine Liebe erwidert, dann nimmt sie den Stamm mit in ihr Zimmer, wenn nicht, dann findet er ihn am nächsten Morgen von der Zimmertür weggerollt. War es nicht so?
Giovanni:	*(nickend)* Genau!
Alexander:	Und?
Giovanni:	Ich habe den ganzen Abend gebraucht, um ihr unbemerkt den Hausschlüssel abzuluchsen, habe mich dann nach Mitternacht mit dem dicken Stamm heimlich bis vor ihr Zimmer hochgeschlichen und ihn dort so leise wie möglich abgelegt.
Alexander:	Hat sie dich gehört?
Giovanni:	Nein!
Alexander:	Bist du von ihren Eltern entdeckt worden?

Giovanni:	Nein!!
Alexander:	Dann bleibt nur noch eins: Sie hat den Baumstamm nicht ins Zimmer geholt!
Giovanni:	*(zerknirscht nickend)* Richtig! Das konnte sie aber auch nicht mehr, nachdem sie nachts beim Pinkeln darüber gefallen ist und sich dabei beide Beine gebrochen hat!

Chinesische Hochzeitsgäste

Sketchdauer: ca. 7 Minuten | **Personen:** Gertrud und ihr Mann Werner, ca. 35 | **Kostüme:** Bequeme Hauskleidung | **Mobiliar:** Zwei Sessel oder eine Couch, Couchtisch | **Requisiten:** Eine Einladungskarte mit Kuvert, Buch | **Eingangsszene:** Gertrud und Werner sitzen gemütlich auf dem Sofa oder in ihren Sesseln. Er liest in einem Buch, sie wedelt mit einem Kuvert hin und her, aus dem sie eine Karte zieht.

Gertrud:	Schau mal, was heute mit der Post gekommen ist!
Werner:	*(kurz aufblickend)* Hm, eine Karte. Die kommen meistens mit der Post.
Gertrud:	Sehr witzig! Es ist aber keine normale Karte!
Werner:	*(weiter lesend)* Was kann denn an einer Karte anormal sein?
Gertrud:	*(die Augen verdrehend)* Ich meine, es ist eine ganz besondere Karte! Eine Einladung.
Werner:	*(das Buch aus der Hand legend und interessierter)* Eine Einladung? Wer hat uns denn eingeladen?
Gertrud:	Franziska und Fabian. *(neckend)* Und rate mal wozu!
Werner:	*(enttäuscht)* Ach, die beiden! Bestimmt zu einem ihrer berühmt-berüchtigten Schottendinner, auf denen es den ganzen Abend *(Fabians Stimme nachäffend)* witzigerweise nur Salzstangen und Mineralwasser gibt!
Gertrud:	*(lachend)* Keine Angst! Es ist ein anderer Anlass.
Werner:	*(neugierig)* Welcher denn?
Gertrud:	Sie heiraten!
Werner:	*(erstaunt)* Wie bitte? Seit Jahren jammert Fabian doch immer über die hohen Kosten von Hochzeiten, sobald Franziska das Thema anschneidet! Haben sie etwa ein Preisausschreiben oder im Lotto gewonnen?
Gertrud:	Jetzt bist du aber wirklich gemein!

Werner:	Von wegen! Woher wohl dieser plötzliche Sinneswandel kommt ...
Gertrud:	Ich denke, Franziska hat ihm nach sieben Jahren Geduld endlich die Pistole auf die Brust gesetzt und gesagt: Entweder du heiratest mich noch in diesem Jahr, oder ein Anderer wird es tun!
Werner:	Der alte Geizhals wird trotzdem versuchen, sich irgendwie um die Kosten für die Feier zu drücken!
Gertrud:	Ich wüsste nicht wie! Auf der Einladung steht jedenfalls nicht, dass die Gäste Essen und Getränke selbst mitzubringen haben ... *(dreht die Einladung hin und her)*, und eine Liste mit Geschenken, die man gut wieder verkaufen kann, um damit die Hochzeitskosten nachträglich zu bestreiten, finde ich auch nirgends.
Werner:	*(auf die Karte deutend)* Da steht aber noch etwas Kleingeschriebenes auf der Rückseite!
Gertrud:	*(abwinkend)* Ach, das ist nur die Gästeliste – im Miniaturformat: Platz sparend!
Werner:	*(höhnisch)* Vor allem Kosten sparend! Wen haben sie denn eingeladen?
Gertrud:	*(mit zusammengekniffenen Augen langsam die Schrift entziffernd)* Ich kann es kaum lesen! Überhaupt sehen die Namen fast alle chinesisch aus.
Werner:	*(mit einem Aufschrei)* CHINESISCH! Ich hab's gewusst!!!
Gertrud:	*(erstaunt)* Was hast du gewusst? Fabian erzählt doch immer von seiner chinesischen Arbeitskollegin ...
Werner:	*(spürsinnig)* Du hast aber nicht von nur <u>einem </u>chinesischen Namen gesprochen, sondern gesagt, es stünden fast <u>nur</u> chinesische Namen auf der Gästeliste.
Gertrud:	*(laut überlegend)* Vielleicht hat diese Arbeitskollegin ja eine große Familie, die sie nach alter chinesischer Tradition zu der Hochzeitsfeier mitbringen wollte!
Werner:	*(sarkastisch)* Sicher! Und weißt du, warum unser Fabian in

	seiner unschlagbaren Gastfreundschaft ganz begeistert von dieser Idee war?
Gertrud:	Warum?
Werner:	Weil nach altem Brauch viele chinesische Gäste dem Brautpaar in rote Tütchen verpackte Geldscheine zur Finanzierung der Hochzeit mitbringen!

Das Hochzeitskleid

Sketchdauer: ca. 3 Minuten | **Personen:** Mutter und Tochter | **Requisiten:** Ein Häkelkleid (oder eine Häkeldecke) im Karton | **Mobiliar:** Zwei Stühle | **Eingangsszene:** Mutter und Tochter sitzen sich gegenüber.

Mutter: Ingrid, du musst jetzt ganz tapfer sein.
Ingrid: *(unruhig)* Was ist denn, Mutter? Hat es etwas mit meiner Hochzeit morgen zu tun? Ist irgendetwas bei euren Vorbereitungen schief gelaufen?
Mutter: *(zögernd)* Ich würde nicht direkt sagen schief gelaufen.
Ingrid: *(leicht ungeduldig)* Warum siehst du mich dann so an?
Mutter: *(zögernd)* Es geht um dein Kleid.
Ingrid: *(laut)* Mein Kleid? Du hast mir doch noch gestern Abend versichert, dass Maria es fertig genäht hat!
Mutter: *(zuckt zusammen)* Ich dachte doch auch ...
Ingrid: *(ärgerlich)* Also ist es nicht fertig geworden? Hättet ihr mir das nicht gestern Abend sagen können? *(wütend gestikulierend)* Woher soll ich jetzt noch bis morgen früh ein Kleid bekommen?
Mutter: *(beschwichtigend)* Du hast mich falsch verstanden. Deine Schwester hat das Kleid fertig gemacht!
Ingrid: *(erstaunt)* Ja, was ist dann das Problem? Hat sie sich vernäht?
Mutter: Nun ... Das ist genau der Punkt! Es ist eben nicht genäht!
Ingrid: *(verständnislos)* Nicht genäht?
Mutter: Maria musste für ihre Abschlussarbeit in diesem Jahr etwas zum Thema „Häkel-Chic" entwerfen, und da dachte sie, deine Hochzeit sei eine gute Gelegenheit ...
Ingrid: *(aufstöhnend)* Das darf nicht wahr sein! Sie hat mir ein Hochzeitskleid <u>gehäkelt</u>!
Mutter: *(zieht das Häkelkleid aus dem Karton)* Ingrid, bitte! Sie wollte diesen Tag für dich doch nur unvergesslich machen!
Ingrid: *(verzweifelt)* O ja, diesen Tag werde ich nie vergessen!

Kleine Pannen in der Hochzeitsnacht

Sketchdauer: ca. 12 Minuten | **Personen:** Das Hochzeitspaar | **Kostüme:** Hübsche Nachthemden oder Pyjamas | **Mobiliar:** Bett oder Bett simulierende Matratze bzw. Decke | **Requisiten:** Kopfkissen und Bettdecken, Kerzen, die neben dem Bett brennen und für eine romantische Stimmung sorgen sollen | **Ton:** Diverse Störgeräusche wie Scheppern, Gekicher und Gelächter, Geräusche von umfallenden Gegenständen und wegeilenden Schritten | **Eingangsszene:** Das Hochzeitspaar liegt Seite an Seite im Bett unter der Bettdecke. Sie wendet sich ihm zu.

Braut:	Was für ein wunderschöner Tag! Die ganze Feier war wirklich toll! Aber jetzt bin ich froh, dass wir endlich allein sind!
Bräutigam:	*(ihre Haare streichelnd)* Ich auch! Bist du denn gar nicht müde nach allem?
Braut:	*(sich näher an ihn kuschelnd)* Keine Spur! Auf diesen Moment habe ich den ganzen Abend gewartet. *(Man hört Gekicher und Geschepper)*
Bräutigam:	*(steht auf, läuft an ein imaginäres Fenster auf der linken Bühnenseite und hält Ausschau)* Es sieht so aus, als ob nicht nur du den ganzen Abend auf diesen Moment gewartet hättest!
Braut:	*(besänftigend)* Sie sind schon wieder weg! *(verführerisch)* Kommst du wieder ins Bett?
Bräutigam:	Ja, sofort. *(geht zurück zum Bett, tritt dabei aber in eine der auf dem Boden stehenden Kerzen und stößt einen Schmerzensschrei aus, bevor er humpelnd ins Bett fällt)*
Braut:	*(besorgt)* Du Armer! Hast du dich sehr verbrannt?
Bräutigam:	*(wimmernd)* Das wird bestimmt eine Verbrennung zweiten Grades!
Braut:	*(unter die Decke tauchend, seinen Fuß begutachtend und dann*

	wieder zum Vorschein kommend) Es sieht weniger schlimm aus, als es sich anfühlt ... *(kuschelt sich wieder an ihn)* Geht es wieder?
Bräutigam:	*(mit schmerzvoll verzogenem Gesicht)* Ja, ich denke schon.
Braut:	*(gurrend)* Habe ich dir denn heute gefallen in dem neuen Kleid?
Bräutigam:	*(abgelenkt)* Und wie! *(nimmt ihre Hand in seine)* Du bist überhaupt die Allerschönste *(küsst einen Finger)*, Allerschlauste *(küsst den zweiten Finger)*, Allernetteste *(küsst den dritten Finger)*, Allerallerbeste *(küsst wilder werdend ihren vierten Finger)* von allen ... (Geräusche von laut umfallenden schweren Gegenständen und erneutes Gekicher unterbrechen seine schwärmerischen Ausführungen, sodass er wütend aus dem Bett fährt) Jetzt ist aber Schluss! Kann man denn nicht einmal in der eigenen Hochzeitsnacht seine Ruhe haben?
Braut:	*(kichernd)* Lass sie doch und mach lieber weiter!
Bräutigam:	*(kommt verärgert ins Bett zurück, legt sich steif auf den Rücken und faltet die Hände)* Ich kann nicht!
Braut:	*(enttäuscht)* Im Ernst? Es ist doch nur ein traditioneller Spaß!
Bräutigam:	*(mürrisch)* Eine schöne Tradition! Zu wissen, dass da jemand hinter verschlossenen Türen lauscht und sich über uns amüsiert ... Das macht mich ganz nervös!
Braut:	*(übermütig)* Das wollen wir natürlich nicht! Und wenn es die verschlossenen Türen sind, die dich abhalten ... *(springt aus dem Bett, öffnet eine imaginäre Tür rechts von der Bühne und ruft laut hinaus)* Wir haben euch gehört, und ihr könnt jetzt ruhig hereinkommen. Plätze in allen Preiskategorien sind noch reichlich vorhanden!

Die Hochzeitsshow

Sketchdauer: ca. 10 Minuten | **Personen:** Manfred und Isa, ca. 28 | **Kostüme:** Freizeitkleidung | **Mobiliar:** Couch oder zwei Sessel, Fernseher oder Attrappe | **Requisiten:** Fernbedienung | **Eingangsszene:** Das Paar sitzt Seite an Seite auf der Couch. Das Fernsehgerät ist eingeschaltet. Manfred schaltet mit der Fernbedienung von einem Sender zum anderen.

Isa:	Manfred?
Manfred:	*(die Augen auf den Bildschirm gerichtet)* Hm?
Isa:	Kannst du mir mal einen Moment zuhören?
Manfred:	*(unwillig)* Hm?
Isa:	Sieh mich doch mal an!
Manfred:	*(unwillig)* Warum denn, ich kann auch so zuhören!
Isa:	*(verärgert)* Immer ist das Fernsehprogramm wichtiger als ich!
Manfred:	*(genervt)* Ach Quatsch. Also … Ich höre!
Isa:	*(zu ihm gerichtet)* Wir wollten doch an diesem Wochenende endlich richtig über die Hochzeit sprechen.
Manfred:	*(unkonzentriert)* Bei wem sind wir denn eingeladen?
Isa:	*(die Augen verdrehend)* Bei keinem!
Manfred:	Warum sollen wir denn dann über eine Hochzeit sprechen?
Isa:	Ich wollte mit dir über <u>unsere</u> Hochzeit sprechen!
Manfred:	Ach so.
Isa:	Was meinst du damit?
Manfred:	Womit?
Isa:	*(genervt)* Jetzt hör mir doch mal richtig zu! *(nimmt ihm die Fernbedienung aus der Hand)*
Manfred:	*(sieht sie verärgert an)* Gut! Also worüber willst du nun reden?
Isa:	*(legt die Fernbedienung in ihren Schoß und verschränkt die Arme vor der Brust)* Du hast mir letzte Woche versprochen, dass wir dieses Wochenende entscheiden, wo wir denn nun in acht Wochen heiraten werden.

Manfred:	*(nachdenklich)* Hab ich das? *(plötzlich auffahrend)* Donnerwetter! Sagtest du <u>acht</u> Wochen? Ist das nicht ein bisschen plötzlich???
Isa:	*(schmollend)* Ich wusste, dass du den Termin wieder verschieben würdest!
Manfred:	*(besänftigend und wieder nach der Fernbedienung greifend)* Wir müssen uns doch erst einmal über den Ort einigen!
Isa:	*(aufmerksam)* Ich wüsste da schon was …
Manfred:	*(skeptisch)* Du bist zwar ein wahres Organisationstalent, aber so schnell wirst du für diese Angelegenheit nichts Geeignetes finden! Hochzeiten muss man weit im Voraus planen und anmelden!
Isa:	*(ironisch)* Ach was!
Manfred:	*(wieder auf den Bildschirm starrend und beruhigend ihr Knie tätschelnd)* Lass mal! Das gehen wir beide ganz ruhig an. Und inzwischen schaust du dir gemütlich deine Lieblingshochzeitsshow auf Kanal 7 an, die gleich beginnt. *(gönnerhaft)* Ich gucke auch mit, obwohl ich ja viel lieber den Krimi im zweiten Programm sehen würde!
Isa:	*(bissig)* Das ist aber nett von dir! Und bei dieser Gelegenheit wirst du dann auch gleich erfahren, wo du in genau acht Wochen heiraten wirst. Die Hochzeitspaare für die nächste Fernsehtrauung werden nämlich immer am Ende der Show bekannt gegeben!

Perlen vor die Gäste

Sketchdauer: ca. 5 Minuten | **Personen:** Das Brautpaar, Gäste, Braut- und Bräutigamsmutter | **Kostüme:** Hochzeitskleidung und Blumensträuße | **Requisiten:** Säckchen mit Reis | **Ton:** Glockengeläut, Stimmen | **Eingangsszene:** Braut und Bräutigam kommen Arm in Arm strahlend von links nach rechts über die Bühne. Auf der rechten Seite der Bühne steht die Hochzeitsgesellschaft. Glockengeläut ist zu hören.

Eine Stimme:	Der Reis! *(Schnell werden von einem zum anderen Hochzeitsgast kleine Päckchen mit weißen Körnern gereicht, die kurz darauf geöffnet werden)*
Alle Gäste:	*(laut)* HOCH LEBE DAS BRAUTPAAR *(Alle werfen dem Paar Reis entgegen)*
Braut:	*(glücklich lachend)* Reis! Das bringt Glück!
Bräutigam:	*(freundlich)* Und davon können wir beide gar nicht genug bekommen!
Brautmutter:	*(schiebt sich plötzlich zwischen den Umstehenden nach vorn, kniet sich auf den Boden und nimmt einige Körner zwischen die Finger)* Nein! Das darf doch nicht wahr sein! *(greift sich ans Herz)*
Brautschwiegermutter:	*(sie besorgt am Arm nach oben ziehend)* Maria, was hast du denn? Ein plötzlicher Schwächeanfall?
Brautmutter:	*(krächzend und schwach)* Meine alten …, meine besten …
Bräutigam:	*(besorgt zu ihr eilend)* Maria! Was ist denn los?
Brautmutter:	*(zu ihrer Tochter gewandt)* Wo hast du die Tütchen her?
Braut:	*(stotternd)* Wie bitte, Mutter? Ich verstehe nicht?
Brautmutter:	*(heiser)* Der Reis!!
Braut:	*(unsicher)* Ich habe in der ganzen Aufregung der letzten Tage vergessen, welchen zu kaufen, und dann glücklicherweise vorhin noch die Reste in den kleinen Beutelchen hinten in deiner Speisekammer gefunden.

Brautschwieger-mutter:	*(besänftigend)* Das hätte sie dir natürlich vorher sagen sollen, aber deswegen brauchst du dich doch nicht so aufzuregen! Es ist doch bloß Reis!
Brautmutter:	*(um Fassung ringend)* Bloß Reis? Ich habe in diesen kleinen Säckchen zwischen dem Reis die gerissene Perlenkette meiner Urgroßmutter aufbewahrt, die sie mir anlässlich meiner eigenen Hochzeit vor 35 Jahren geschenkt hat!

Brautsuche am PC

Sketchdauer: ca. 5–7 Minuten | **Person:** Kai-Uwe, ein junger Mann um die 30 | **Kostüm:** Schlampige Jogginghose und T-Shirt | **Requisiten:** Computer(attrappe) und Tastatur | **Mobiliar:** Arbeitstisch und Stuhl | **Eingangsszene:** Kai-Uwe sitzt vor seinem Computer und starrt auf den Bildschirm.

Kai-Uwe: *(zu sich selbst)* Denen werd ich's zeigen! Ich werde schon noch eine Braut finden bis zum Jahresende! Bis dahin muss ich nämlich verheiratet sein, sonst wird es nichts mit Onkel Ludwigs Erbe. *(schnalzt mit der Zunge)* Und das wäre doch ganz furchtbar ärgerlich!!! *(konzentriert sich auf den Bildschirm und beginnt zu tippen)*
So, dann mal los: Was will diese Agentur denn wissen? Geschlecht! Meinen die meins oder ihrs? Na, ich gebe vorsichtshalber weiblich ein. *(tippt)* Alter? Zwischen 18 und 40, wegen der größeren Auswahl. *(tippt nickend weiter)* Haar-, Haut- und Augenfarbe? Ist mir egal! *(tippt)* Typ? O Gott! Was soll ich denn da eingeben? Ich klicke mal auf Hilfe ... Aha, hier gibt es eine Auswahl. Fünf Typen darf ich angeben ... Am besten nehme ich gleich die ersten fünf: Also treue Seele *(klickt auf der Tastatur)*, lebhaftes Naturell *(ein erneutes Klicken)*, mutige Kämpfernatur *(ein Klick)*, redegewandte Gesprächspartnerin *(klickt nickend)* und ... *(stockt kurz)* süßes Vögelchen. Hört sich nett an, nehmen wir auch! ... *(klickt ein letztes Mal)* Weiter geht's zur Bildgalerie. Jetzt bin ich aber gespannt, wen sie mir da ausgesucht haben! *(tippt auf die Tasten und schaut gespannt auf den Bildschirm)* Das dauert aber lange! Wahrscheinlich kommen viele Frauen für mich in Frage ... *(reibt sich in freudiger Erwartung die Hände)* Ha, jetzt kommen die Bilder ..., obwohl... *(kneift die Augen zusammen und beugt sich näher zum Bildschirm)* es ist

eigentlich nur eins, und das sieht ziemlich komisch aus! Ganz fertig ist es auch noch nicht ... doch, jetzt! *(schreit auf)* Aber was ist denn das??? Ich sehe wohl nicht richtig! DAISY DUCK!!!

Das Hochzeitsfoto

Sketchdauer: ca. 15 Minuten | **Personen:** Der Hochzeitsfotograf, das Brautpaar, die Brautmutter, der Bräutigamsvater, ein Neffe, eine Nichte, der Opa der Braut, eine Freundin, ein Freund | **Kostüme:** Hochzeitskleidung für das Brautpaar, Festtagskleidung für die Gäste, Alltagskleidung für den Fotografen | **Requisiten:** Brautstrauß, Stativ und Fotoapparat | **Eingangsszene:** Der Fotograf steht über sein Stativ gebeugt und prüft die Aufstellung der Gruppe, die schlecht angeordnet ist: Die Kinder stehen hinten, Braut und Bräutigam nicht zusammen, der Opa der Braut fehlt, die Freundin steht zu weit entfernt von allen … Alle sprechen durcheinander, und es herrscht Unruhe.

Fotograf:	*(sich aufrichtend und zu der Festgesellschaft)* So geht das nicht! Sie müssen sich anders aufstellen! *(gestikuliert hin und her)* Die Braut bitte nach vorn neben den Bräutigam *(Braut und Bräutigam stellen sich nebeneinander in der ersten Reihe auf)*, daneben bitte die Kinder. *(Die Kinder werden nach vorne geschubst)*
Neffe:	Wie lange dauert es noch?
Nichte:	Mann, ist das langweilig hier!
Fotograf:	*(auf Freund und Freundin zeigend)* Einen Moment! So, jetzt noch die Dame und der Herr dort hinter das Brautpaar …
Brautmutter:	*(verärgert aus dem Hintergrund)* Und die Eltern stehen wohl in der letzten Reihe?
Bräutigamsvater:	*(verärgert)* Wer hat denn schließlich die Hochzeit bezahlt, hm?
Braut:	*(nach hinten zischend)* Aber, Vater!
Fotograf:	Die Brauteltern bitte zusammen an die Seite des Brautpaars …
Nichte:	Ich will aber nicht neben Oma stehen. Die riecht immer so komisch! *(Der Bräutigam stößt sie ermahnend in die Seite,*

	schmollend zu ihm) Sagst du doch auch immer, wenn sie nicht da ist!
Neffe:	*(unruhig von einem Bein auf das andere trippelnd)* Wie lange noch? Ich habe Hunger! *(Die Freundin flüstert der Braut etwas ins Ohr, und beide fangen an zu lachen. Der Bräutigamsvater dreht sich skeptisch um)*
Bräutigamsvater:	*(argwöhnisch)* Macht ihr euch etwa über mich lustig?
Freundin:	*(unaufrichtig)* Aber nein! *(Die Kinder fangen an, sich gegenseitig zu ärgern, sich an den Haaren zu ziehen und die Zunge herauszustrecken. Die Braut versucht, sie zu trennen, indem sie mit dem Brautstrauß zwischen sie schlägt)*
Fotograf:	*(stöhnend)* Können Sie jetzt bitte alle eine Minute ruhig sein und stehen bleiben, damit ich das Foto machen kann? *(Der Tumult beruhigt sich etwas. Der Fotograf beugt sich erneut über seine Kamera und will gerade das Bild machen ...)*
Braut:	*(aufschreiend)* MOMENT!
Alle:	*(laut und überrascht)* Was?
Braut:	*(aufgeregt)* Opa fehlt!
Bräutigam:	*(mit rollenden Augen nach allen Seiten rufend)* Oooooooopaaaaaa!
Braut:	Wo steckt er nur?
Brautmutter:	Vielleicht musste er noch einmal aufs Örtchen ... *(Neffe und Nichte fangen an zu kichern und sich zu necken)*
Bräutigamsvater:	Ich sehe mal nach, wo er steckt! *(geht ab)*
Brautmutter:	*(aufstöhnend)* Mir ist plötzlich ganz schlecht!
Freundin:	*(besorgt)* Soll ich Ihnen ein Glas Wasser holen?
Freund:	*(beruhigend)* Das ist nur die Aufregung! *(zu ihr)* Na, geht es wieder?
Brautmutter:	*(nickend)* Ich denke schon. *(Der Fotograf hat inzwischen, von allen unbemerkt, seine Sachen gepackt und ist kopfschüttelnd verschwunden. Der Bräutigamsvater kommt mit dem Opa wieder)*
Opa:	*(strahlend)* Wie lieb, dass ihr auf mich gewartet habt! Wo soll

	ich denn stehen? *(stellt sich in die erste Reihe. Alle laufen durcheinander, um die vom Fotografen ursprünglich angeordnete Aufstellung wieder einzunehmen. Schließlich stehen alle richtig, und auch der Opa hat einen besseren Platz. Sie schauen alle betont fröhlich und schlagartig grinsend nach vorne)*
Brautmutter:	*(laut und wachsam)* Irgendetwas fehlt!
Braut:	*(mit scharfer Stimme zu der Gruppe)* Keiner rührt sich!!! *(zum Bräutigam)* Fred, hol das Branchentelefonbuch, aber schnell! *(wieder zu der Gruppe)* Wehe, einer rührt sich weg! *(zum Bräutigam, der zögernd dasteht)* Was wartest du denn? Hol das Branchentelefonbuch und ruf schnell die Fotografennotrufzentrale an! Sag, es ist ein Notfall!

Spiele

Sie meinen, dass nur Kinder gern spielen? Weit gefehlt! Mit etwas Einfühlungsvermögen, mehreren Prisen Geduld und einer nachhaltigen Aufforderung, die jedoch nie in Zwang ausarten sollte, wird auch der ungeübteste und spielscheuste Festteilnehmer ins Geschehen einbezogen. Denn nicht nur die anderen Gäste können sich beim Spielen amüsieren!

Kennenlernspiele

Woher kommst du?

Die typische Handbewegung

| **Verlauf:** Nachdem die Gäste begrüßt worden sind, werden sie gebeten, sich selbst zu präsentieren, indem sie ihren Beruf kurz pantomimisch darstellen. Die anderen Gäste müssen den Beruf erraten; richtige oder falsche Vorschläge werden vom Darsteller mit Nicken oder Kopfschütteln beantwortet. Die Gastgeber können zum Abschluss noch einmal verbal zusammenfassen, z. B.: »Das ist unser Freund Stefan, der als Krankenpfleger arbeitet.«

| **Anmerkungen:** Dieses Spiel eignet sich besonders gut für Hochzeiten, auf denen die Anzahl der Gäste überschaubar ist, weil es sonst zu lange dauern würde und auch das beste Gedächtnis nicht in der Lage ist, einen Überblick über zu viele Gäste zu behalten. Es empfiehlt sich auch, ein Zeitlimit für das Beruferaten anzugeben, damit keine Langweile aufkommt. Wenn jemand seinen Beruf nicht darstellen kann / will, kann er auch ein Hobby vormachen.

Das Fotospiel

Ist es dieses süße Mädchen? Oder doch die Elegante dort drüben?

Dieses Spiel stellt einerseits die Beziehung zwischen den Gästen und dem Brautpaar klar und gibt andererseits den Gästen die Möglichkeit, in der Festgesellschaft Gleichgesinnte zu finden und ihnen näher zu kommen.

| **Material:** Spätestens vier Wochen vor der Feier brauchen die Organisatoren ein aktuelles Foto von jedem Gast mit einer Kurzbeschreibung ihrer Person und Beziehung zum Brautpaar (z. B. *Vater der Braut* oder *Arbeitskollegin des Bräutigams*). Am Festtag selbst kommen hinzu: zwei sehr große Pappbögen, Stifte und für jeden Gast ein Umschlag mit Karten.

| **Verlauf:** Vor Beginn der Feier wurde auf jeden der beiden Pappbögen ein Foto der Braut bzw. des Bräutigams geklebt (im Baby-, Teenager, Erwachsenen-, aktuellen Stadium oder kombiniert). Die Gästefotos mit den Angaben werden ihnen zugeordnet (der *Vater der Braut* wird also auf die Brautpappe, die *Arbeitskollegin des Bräutigams* auf die Bräutigamspappe geklebt usw.). Die Pappbögen werden für alle sichtbar aufgehängt. Die Gäste bekommen bei der Begrüßung einen Umschlag in die Hand, in dem sie auf einem Kärtchen die Namen von zwei Gästen finden, die sie im Laufe der Feier suchen und mit denen sie ins Gespräch kommen müssen. Dazu müssen sie zunächst einmal die Namen auf den Kärtchen mit den Fotos auf den Pappwänden in Verbindung bringen. Schaffen sie es dann noch, länger als fünf Minuten mit einer der beiden Personen zu reden, bekommen sie einen Preis.

| **Anmerkungen:** Die zeitliche Begrenzung für dieses Spiel sollte offen und großzügig, aber festgelegt sein, sodass vor Abschluss der Veranstaltung noch Sieger oder Siegerin ermittelt werden

können. Die jeweiligen Gesprächspaare treten dazu gemeinsam vor die Hochzeitsgesellschaft (eine kleine Bühne, ein Podest oder ein freier Platz, der gute Sicht für alle bietet, ist hier angebracht) und geben das Gesprächsthema ihrer Unterhaltung an. Mögliche Preise sind Dauerlutscher oder ein gemeinsames Polaroidfoto.

Die Schlacht um das letzte Gürkchen

Die berühmte Schlacht ums kalte Büfett – einmal anders!

| **Mobiliar:** Tisch.

| **Material:** Teller oder Platte, auf dem nur noch ein Häppchen (Würstchen, Gürkchen, Scheibchen Lachs o. Ä.) liegt.

| **Verlauf:** Die Organisatoren kündigen an, dass es eine Panne bei der Bestellung des Hochzeitsbüfetts gegeben habe und leider nicht genug für alle da sei. Die Gäste werden in Fünfergruppen aufgeteilt, die sich um das karge Buffet versammeln. Jedes Gruppenmitglied soll nun die anderen in der Gruppe davon überzeugen, dass gerade er/sie das Häppchen besonders nötig/verdient hat. Für ihre (verbalen oder anders gearteten …) Überzeugungskünste hat jeder in der Gruppe nur eine Minute Zeit, die vom Spielleiter gestoppt wird.
Ein von den Organisatoren vorher schnell festgelegtes Team unabhängiger Schiedsrichter entscheidet anschließend über die Gewinner und prämiert sie mit einem ganzen Glas Würstchen, Gurken oder einer Packung Lachs.

| **Anmerkungen:** Auch dieses Spiel empfiehlt sich für kleinere Hochzeitsgesellschaften und sollte nicht länger als 30 Minuten dauern.

Souvenirs für das Brautpaar

Küsse für das Brautpaar

Ein lustiges kleines Spiel für den Beginn der Feier

| **Mobiliar:** ein Tisch.

| **Material:** ein großer Spiegel, leichte, aneinander gesetzte Spiegelkacheln, eine Glasscheibe (etwas gefährlicher!) oder ein großes, weißes, leeres Pappplakat.

| **Verlauf:** Am Eingang des Festraumes oder an der Gartenpforte wird ein Tisch aufgestellt, auf dem Lippenstifte, Fettstifte und Lipgloss in allen Farben und Möglichkeiten zur Auswahl stehen. Die Gäste schminken sich nun mit einem Stift ihrer Wahl die Lippen und drücken ihren Lippenabdruck in Kussform auf den Spiegel (oder Scheibe oder Plakat). Sie unterzeichnen mit ihrem Namen und sind damit in die Festgesellschaft aufgenommen!

| **Anmerkungen:** Abschminktücher sollten bereitgestellt werden; Schminkphobikern stehen farblose Fettstifte zur Verfügung. Natürlich kann jede(r) auch eigene Stifte benutzen! Das Endprodukt ist ein spontanes kleines Kunstwerk als Hochzeitsgeschenk an das Brautpaar.

Das große Hochzeitsbuch

Das spontane, nebenbei erstellte Hochzeitsalbum

| **Material:** ein großes Buch mit leeren Seiten, Blei-, Bunt- und Filzstifte.

| **Verlauf:** Während der Hochzeitsfeier wird das Buch herumgereicht, in das jeder Gast etwas schreiben, zeichnen oder malen soll, was mit dem Brautpaar und dem aktuellen Tag zu tun hat. Dabei ist es jedem freigestellt, ein Bild zu malen, einen Comic(ausschnitt) zu zeichnen, Symbole oder Wörter auszuwählen. Der jeweilige Beitrag soll unterschrieben werden.

| **Anmerkungen:** Pro Seite sollte genug Platz für ein bis zwei Eintragungen sein. Es ist auch möglich, die Namen der Gäste schon vorher auf die Seiten zu schreiben, sodass keine versehentlich leeren Seiten bleiben.

Hochzeitsfotos

Fotos außer der Reihe sind die lustigsten Erinnerungen

| **Material:** eine Polaroidkamera und so viele Fotos wie Gäste.

| **Verlauf:** Um eine Alternative zu den manchmal etwas unnatürlich wirkenden Fotos des professionellen Hochzeitsfotografen zu haben, erhält jeder Gast im Laufe der Feier einmal die Kamera, um ein Bild von einer besonders komischen, schönen oder seltsamen Situation zu machen. Die Bilder werden nach und nach für alle sichtbar auf eine Leine gehängt bzw. auf ein großes Stück Papier geklebt, das an einer der Wände (oder einer Stellwand im Garten) befestigt ist, und sorgen so schon während der Party für gute Stimmung und Gesprächsstoff. Nach der Hochzeit wird aus ihnen ein kleines Foto-Erinnerungsbuch für das Brautpaar gebastelt.

| **Anmerkungen:** Es ist auch hier möglich, ein Zeitlimit anzugeben, damit sich die Gäste nicht zu viel Zeit lassen und die Leine nach und nach wirklich voll wird.

Das letzte Dinner auf der Titanic

Man nehme viel Romantik, etwas Tragik und eine Handvoll Kitsch – und bekommt ein Kochbuch

| **Zeit:** ca. 30 Minuten.

| **Material:** Kärtchen und Stifte.

| **Verlauf:** Die Gäste bilden Gruppen zu jeweils sechs Mitspielern, die für das Brautpaar in gemeinsamer Absprache ein fiktives, letztes, 6-gängiges Abschiedsmenü auf der Titanic komponieren. Sie haben dazu 15–20 Minuten Zeit. Dabei sollen Speisen und Getränke verwendet werden, die einen symbolhaften Charakter oder eine andere Aussage haben, die mit der Liebe des Brautpaares in Verbindung gebracht werden kann. Eine unabhängige Schiedsrichtergruppe liest im Anschluss in etwa 10 Minuten alle Menüs vor und prämiert das beste (z. B. mit einer Filmpostkarte für jeden, auf deren Rückseite ein Gutschein für einen Kinobesuch nach Wahl geklebt ist). Die Menüs werden anschließend gesammelt, zusammengestellt, vielleicht illustriert und dem Hochzeitspaar nachträglich in Form eines Mini-Kochbuchs geschenkt.

| **Anmerkungen:** Dieses Spiel kann abgewandelt werden. Wählen Sie als Thema Klassiker des großen Gefühlskinos wie *Vom Winde verweht* oder *Dr. Schiwago*. Die Aufgabe für die Gruppen lautet dann, die zehn letzten Sätze, die die Liebenden zueinander sprechen, aufzuschreiben.

Vertonte Gedichte

Ein kleines Buch mit Liebesliedern – individuell zusammengestellt

| **Zeit:** ca. 20 Minuten

| **Material:** Musik nach Wahl, eine vorher zusammengestellte Sammlung mit unterschiedlichen Liebesgedichten aus aller Welt.

| **Verlauf:** Das mehrköpfige Hochzeitsplanungskomitee hat eine Reihe von zum Brautpaar passenden Gedichten ausgewählt und trägt nun diese Gedichte mit passender Musikuntermalung den Anwesenden vor.

| **Anmerkungen:** Die Gedichte werden für alle vervielfältigt und für das Brautpaar als Erinnerung in Form eines kleinen Heftchens zusammengestellt, das ihnen am Ende der Aufführung feierlich überreicht wird.

| **Variante:** Sie können dieses Spiel lustig variieren. Dazu verändern Sie die Gedichttexte leicht, indem Sie sie verulken oder neue Stellen hineindichten, in denen Sie Stärken und Schwächen des Brautpaares liebevoll durch den Kakao ziehen. Diese Varianten-Texte werden nach dem Vortrag des ursprünglichen Gedichts dargeboten und erfordern eine gewisse Vorbereitungszeit im Vorfeld.

Wettkämpfe und Quizaufgaben

Das Krimispiel

Wer hat das beste Gedächtnis und treibt die Handlung um den entscheidenden Satz weiter?

| **Zeit:** 10–15 Minuten.

| **Verlauf:** Einer gibt die Ausgangssituation des Krimis in wenigen Sätzen vor (z. B. *An einem schönen Sonntagmorgen entdeckte die Putzfrau eine Blutlache auf der Schwelle zum Vorzimmer der Anwaltskanzlei …*) Der nächste Spieler wiederholt den Satz und fügt einen weiteren hinzu, der eine Handlungssteigerung beinhaltet (z. B. *Leise schlich sie sich ins Zimmer und erstarrte bei dem Anblick, der sich ihr bot…*). Der übernächste Spieler wiederholt beide Sätze und überlegt sich einen weiteren usw. Jeder Spieler muss sich also an einen Satz mehr erinnern als der vorangehende. Wer einen Satz falsch oder unvollständig wiedergibt oder ihn vergisst, scheidet aus. Zur Kontrolle der richtigen Sätze werden ein Spielleiter und ein Assistent eingesetzt, die die Sätze abwechselnd notieren und über den Ausschluss einer Person entscheiden.

| **Anmerkungen:** Es empfiehlt sich, bei diesem Spiel in einer Runde zu sitzen, damit es fließend läuft und jeder weiß, wann er an der Reihe ist. Es ist auch möglich, dieses Spiel in Paaren zu spielen, die sich beim Erinnern Hilfestellungen geben können.

Weißt du, wer ich bin?

Wie gut kennen sich die beiden Frischverheirateten wirklich?

| **Zeit:** 20–30 Minuten.

| **Material:** Kärtchen mit Fragen.

| **Mobiliar:** Zwei Stühle.

| **Verlauf:** Das Brautpaar sitzt Rücken an Rücken auf zwei Stühlen. Beide schauen geradeaus. Vor jedem steht ein Freund / eine Freundin mit jeweils zehn Kärtchen in der Hand, auf denen Fragen geschrieben sind. Es handelt sich um Entscheidungsfragen, die das Brautpaar mit Ja (hoch gestreckter Daumen) oder Nein (nach unten zeigender Daumen) beantworten soll. Die Fragen werden vom Freund / der Freundin abwechselnd der Braut / dem Bräutigam vorgelesen. Nach jeder Entscheidung dürfen sich die beiden einander zuwenden und ihr Ergebnis sehen und kommentieren.

| **Fragebeispiele:**
- Böte dein Mann einer unbekannten Frau, die völlig durchnässt in einer Regennacht vor eurer Tür steht, das Gästebett an?
- Würde deine Frau gelassen reagieren, wenn sie lange Haare auf deinem Hemd fände, die eindeutig nicht ihre eigenen sind?
- Würde dein Mann wütend werden, wenn du nach einem netten Abend mit einer Freundin ziemlich angetrunken nach Hause kämest?
- Würde er dir einen Seitensprung im ersten Ehejahr verzeihen?
- Würde sie dir einen Seitensprung im verflixten 7. Ehejahr oder einem späteren verzeihen?
- War deine Braut / dein Bräutigam die erste Person, die du heiraten wolltest?

- Würde deine Frau begeistert auf den Vorschlag reagieren, zusammen mit deiner Mutter auf einer einsamen Insel zwei Wochen Urlaub zu verbringen (heikel!)?

| **Anmerkungen:** Der Spaß am Spiel und an der Entdeckung von Übereinstimmungen und konträren Einschätzungen steht hier im Vordergrund. Die Fragen werden der Gruppe angemessen ausgewählt. Sie können zwar etwas heikel sein, um etwas »Würze« in das Spiel zu bringen, dürfen aber nicht zu Konflikten führen oder einen der Anwesenden wirklich verletzen, denn die positive Stimmung des Festes soll nicht getrübt werden.

Hochzeitsmaler

In Anlehnung an das Spiel »Montagsmaler« hier eine andere Form der traditionellen Glückwunschkarten

| Zeit: Mindestens 20–30 Minuten.

| Material: Eine Tafel und Kreide/Stifte, Sanduhr oder Uhr mit Sekundenzähler.

| Verlauf: Die Spieler werden in zwei Gruppen eingeteilt. Braut und Bräutigam stehen ein Stück voneinander entfernt vor der Tafel. Die Frage an die Gruppenmitglieder lautet: Was wünschen wir der Braut/dem Bräutigam? Die Gruppe bespricht sich eine Minute lang, einer flüstert dann (abwechselnd) der Braut/dem Bräutigam den Wunsch ins Ohr, der anschließend gezeichnet werden muss. Die andere Gruppe muss den Wunsch erraten. Der Nichtmalende (z. B. die Braut) stoppt inzwischen die Zeit. Wenn die Gruppe es nicht innerhalb einer Minute schafft, den Wunsch zu erraten, gibt es eine zweite Chance für den Zeichner, und der Nichtmalende hat eine weitere Minute Zeit, selbst die richtige Antwort zu finden.

| Anmerkungen: Im letzten Fall wird die Zeit dann von einem der Gruppenspieler gestoppt. Ein anderer Spieler wird im Voraus dazu bestimmt, die von beiden Gruppen erzielten Punkte zu sammeln und nach ca. 10 Runden den Sieger zu ermitteln.

Der Schnuppertest

Welche Dinge und Situationen verbindet das Brautpaar mit welchen Gerüchen? Können sie ihre gegenseitigen Vorlieben erriechen?

| **Material:** Vier verschließbare Fläschchen mit stark unterschiedlichen Gerüchen, darunter zwei angenehme und zwei unangenehme; Stifte und Papier, Augenbinden.

| **Verlauf:** Das Brautpaar sitzt mit verbundenen Augen zum Publikum gewandt. Die Spielleiterin und ihr Assistent lassen zuerst die Braut, dann den Bräutigam nacheinander an den Inhalten der Fläschchen 1–4 riechen. Beide müssen dann (mit unverbundenen Augen) kurz zwei bis drei passende Adjektive zur Beschreibung des Geruchs und ihre Assoziation/Erinnerung aufschreiben, den er auslöst. Anschließend werden die Kärtchen eingesammelt und ausgetauscht. Der Bräutigam liest die Antworten der Braut vor und umgekehrt. Beide müssen die Beschreibungen auf den Kärtchen den Gerüchen zuordnen. Sie dürfen dazu an den mit Nummern versehenen Fläschchen riechen.

| **Anmerkung:** Wichtig ist, dass die beiden Spieler während der Schnupperprobe nicht sprechen, sodass nichts verraten wird.

Mit Kopf, Mund, Hand und Fuß

Was kann bloß damit gemeint sein?

| **Zeit:** ca. 30 Minuten.

| **Material:** Stifte und Papier.

| **Mobiliar:** Stühle und Tische.

| **Verlauf:** Die Gäste werden in vier Gruppen zu 6–8 Personen geteilt. Ein Spielleiter notiert, wer zu welcher Gruppe gehört, und später die Punkte jeder Gruppe. Er gibt die erste Karte herum, die alle Gruppen bis auf eine sehen dürfen. Darauf steht ein Begriff oder eine Situation, die – durch Symbole erkennbar – pantomimisch, zeichnerisch oder verbal darzustellen ist. Ein Spieler aus der Gruppe, die den Begriff nicht kennt, bekommt nun die Karte und muss versuchen, den Begriff auf die verlangte Art und Weise darzustellen. Die anderen Mitglieder seiner Gruppe haben eine Minute Zeit, die richtige Lösung zu erraten. Schaffen sie es, bekommt die Gruppe einen Punkt. Dann ist die nächste Gruppe an der Reihe. Insgesamt soll jedes Gruppenmitglied einmal die Möglichkeit haben, etwas darzustellen.

| **Anmerkungen:** Bei großen Gruppen empfiehlt es sich, eine kleine Bühne oder freie Fläche einzuräumen und eine Tafel aufzustellen, wo Pantomime, Zeichnungen und Erklärungen für alle verständlicher und sichtbar sind.

Berühmt für einen Tag

Die Testfrage: Mit wem möchte sich der Partner identifizieren?

| **Zeit:** ca. 20 Minuten.

| **Material:** Acht vergrößerte Postkarten von bekannten (Film-)Schauspielern, Sängern und anderen Persönlichkeiten (nicht nur) aus der Unterhaltungsbranche.

| **Verlauf:** Jeweils zwei Spieler – nicht immer wirkliche Paare, sondern auch zwei einander Unbekannte – bilden ein Spielpaar, von denen es insgesamt ca. acht geben sollte. Die anderen Gäste sind das Publikum. Jedem Spielpaar werden nun die acht Postkarten gezeigt, und sie haben eine Minute Zeit, sich zu überlegen, welche der Persönlichkeiten wohl am ehesten dem Ideal des Partners entspricht. Anschließend äußern sie nacheinander ihre Vermutung, und der Partner korrigiert sie gegebenenfalls erklärend. Das Paar, das die meisten Übereinstimmungen in den wechselseitigen Einschätzungen aufweist, gewinnt als Preis einen gemeinsamen Kinobesuch nach Wahl.

| **Anmerkungen:** Die Postkarten können als Farbkopien auf Din-A-4-Format vergrößert werden.

Gretchenfragen

Wer schafft den Ausweg aus einem scheinbar unlösbaren Dilemma?

| **Zeit:** ca. 15 Minuten.

| **Verlauf:** Aus der Hochzeitsgesellschaft werden 16 Gäste ausgewählt, die sich in Vierergruppen jeweils eine schwierige Situation ausdenken sollen, die in der gemeinsamen Zukunft auf das Brautpaar zukommen könnte. Jede Gruppe stellt auf der Bühne das von ihr erfundene Dilemma dar. Die übrigen Gäste – ihre Zahl ist nicht so wichtig – stehen in Gruppen zusammen und müssen jetzt spontane Vorschläge machen, wie das Brautpaar aus der kniffligen Lage herausfinden könnte. Es darf dabei laut zur Bühne hin gerufen werden. Braut und Bräutigam notieren sich die Ideen, die ihnen am besten gefallen, und prämieren anschließend die Siegergruppe, aus der die besten Lösungen kamen.

| **Anmerkungen:** Um ein Durcheinander beim freien Hineinrufen der Vorschläge zu vermeiden, können den Gruppen auch fünf Minuten Bedenkzeit gegeben und die Anzahl der Antworten pro Gruppe auf fünf beschränkt werden.

Die Hochzeitsreise

Die Hochzeitsgäste haben zusammengelegt und wollen das Brautpaar auf eine unvergessliche Hochzeitsreise schicken ...

| **Zeit:** ca. 45–60 Minuten.

| **Material:** Farbstifte und Papier, Pappplakate in verschiedenen bunten Farben je nach Gruppenanzahl.

| **Verlauf:** Gästegruppen zu jeweils vier bis sechs Personen sollen sich gemeinsam eine möglichst schöne, originelle oder auch lustige, zum Brautpaar passende Hochzeitsreise ausdenken. Mit den Farbstiften entwerfen sie ein Plakat, auf dem das Reiseziel und ein bis zwei mögliche Unternehmungen am Zielort durch Bilder, Zeichnungen und Symbole dargestellt werden. Schrift ist verboten!! Anschließend werden die Plakate dem Brautpaar und den anderen Gästen präsentiert. Das Brautpaar muss das Reiseziel und die angedeuteten Unternehmungen raten. Rät es richtig, bekommt die Gruppe einen kleinen Preis (z. B. jeder einen Stift); kommt das Paar jedoch nicht auf die Lösung, so darf die betreffende Gruppe das Gemeinte verbal umscheiben, bekommt dann allerdings keinen Preis!

| **Anmerkungen:** Die Plakate dienen dem Brautpaar später als schöne Erinnerung an ihren Hochzeitstag und können ihnen auch neue (Reise-)Anregungen geben.

Weissagungen für das Brautpaar

Welches Schicksal erwartet Braut und Bräutigam in ihrem gemeinsamen Leben?

| **Zeit:** ca. 30 Minuten.

| **Mobiliar:** Tische und Stühle.

| **Material:** Glaskugeln, Kärtchen und eine schwarze Stoffkatze.

| **Verlauf:** Die Gästeschar wird in Gruppen zu 4–6 Personen geteilt, in denen jeweils eine Person zur Wahrsagerin bestimmt wird. Die anderen sind die beratenden Assistenten. Jede Gruppe bekommt fünf Kärtchen vom Spielleiter, auf denen jeweils fünf Stichwörter stehen, aus denen die Gruppe dann eine Zukunftsprognose für das Brautpaar zusammenphantasieren muss. Jede Gruppe hat dafür 10 Minuten Zeit. Danach geht das Brautpaar von Gruppe zu Gruppe, liest für alle hörbar laut die Stichwörter auf den Kärtchen vor und setzt sich dann vor die Wahrsagerin, die den beiden nach bedeutungsschweren Blicken in die Kristallkugel die von ihrer Gruppe ausgedachte Zukunftsprognose vorstellt. Nach jedem Vortrag wird applaudiert, und das Paar geht weiter zur nächsten Wahrsagerin. Alle Gäste, die nicht am Spiel beteiligt sind, sind die Schiedsrichter und stimmen anschließend über die beste Darstellung und die beste Prognose ab. Der Gewinn ist die schwarze Stoffkatze, die vorher reihum auf den Wahrsagerinnentischen stand.

| **Anmerkungen:** Es sollten nicht mehr als maximal vier Gruppen gebildet werden, denn Wiederholungen sind bei den Weissagungen kaum vermeidbar. Durch die Möglichkeit, sich in die Schiedsrichtergruppe einzubringen, nehmen dennoch alle Gäste am Spiel teil.

Herr Ober!

Versehentlich wurde das falsche Menü geliefert – was tun?

| **Zeit:** ca. 20–30 Minuten.

| **Material:** Papier in Zettel- oder Kartenform.

| **Kostüme:** Kellnerkleidung.

| **Verlauf:** Braut und Bräutigam sitzen inmitten der Festgesellschaft am Tisch. Plötzlich erscheint der Chefkellner, flüstert dem Bräutigam wild gestikulierend und mit verzweifelter Miene etwas ins Ohr und reicht ihm einen Zettel, auf dem steht, dass versehentlich ein falsches Menü geliefert worden sei. Wie ist mit solch einer brisanten Situation umzugehen? Die Lösung muss nicht allein der richtige Bräutigam suchen, sondern vier weitere Hochzeitsgäste, die vorher ausgewählt worden sind. Alle Gäste werden in dieses Spiel einbezogen – jeder »Bräutigam« sucht sie zu beruhigen, eine Alternative anzubieten etc., und die Gäste können ihm die Aufgabe durch unsinnige Ratschläge, unwillige Kommentare oder andere Reaktionen erschweren. Für jeden Konflikt und dessen Lösung hat der jeweilige »Bräutigam« fünf Minuten Zeit. Am Ende stimmen die Gäste ab, wer die beste Lösung für das Problem gefunden hat. Der Preis könnte ein Taschenbuch über Rhetorik, Gesprächstraining o. Ä. sein.

| **Vorschläge für Problemsituationen:**
- Bestellt wurde ein ergodynamisches vegetarisches Büfett, die Lieferung bestand aber aus einem typischen deftigen Berliner Fleisch- und Wurst-Büfett.
- Das Huhn für die Hochzeitssuppe ist entlaufen und konnte nicht wieder eingefangen werden.

- Alle Köche haben auf einmal zusammen ihre Kündigung eingereicht und sich dann aus dem Staub gemacht.
- Die Gerichte sind alle verbrannt.
- Die Küchenhilfen haben sich furchtbar gestritten und aus lauter Wut alles versalzen.
- Nach Abschmecken der Speisen traten bei einem der Köche deutliche Vergiftungserscheinungen auf.

| **Anmerkungen:** Dieses Spiel eignet sich besonders gut für die Zeit, bevor man zum gesetzten Essen gerufen wird oder vor der Eröffnung des Büfetts. Es verkürzt die Wartezeit auf amüsante Weise.

Große Liebespaare

Sicher, heute heiratet ein großes Liebespaar. Aber es gab ja ein paar andere – und die sind zu erraten.

| **Zeit:** ca. 20 Minuten.

| **Material:** Kärtchen.

| **Verlauf:** Fünf Spieler werden aus der Hochzeitsgesellschaft ausgewählt. Sie bekommen nacheinander je ein vorbereitetes Kärtchen. Auf den Kärtchen stehen an erster Stelle die Namen des darzustellenden Liebespaares, dann folgen Informationen zum Geschlecht (auch gleichgeschlechtliche Paare sind möglich), zum Beruf oder der ausgeübten Tätigkeit, zur Epoche, in der die beiden gelebt haben, und zu einer Besonderheit (z. B. eine prägnante Eigenschaft oder bekannte Verhaltensweise). Das Brautpaar soll das Paar erraten. Dazu werden von den umstehenden Gästen innerhalb von zwei bis fünf Minuten Fragen an den Spieler, der das Kärtchen hat, gestellt. Er darf nur mit Ja/Nein antworten. Errät das Brautpaar das Liebespaar nicht, gibt der betreffende Spieler die Antwort bekannt. Errät das Brautpaar mindestens drei der fünf Paare, bekommt es als Preis ein Taschenbuch mit einer interessanten Biographie einer bekannten Persönlichkeit oder eines Paares.

Wollt ihr wirklich nach Jerusalem?

Nicht allein schnell hinsetzen – vorher Aufgaben lösen ist gefragt!

| **Zeit:** ca. 20 Minuten.

| **Mobiliar:** Stühle in der Anzahl der Spieler minus eins!

| **Material:** Kärtchen mit Aufgaben.

| **Verlauf:** Die Stühle werden Rücken an Rücken gestellt, Musik spielt, und die Mitspieler sollen langsam und in einem gewissen Abstand um die Stuhlreihe herumgehen. Der Spielleiter liest die erste Aufgabe vor und stoppt plötzlich die Musik. Jeder der Reisenden muss die verlesene Aufgabe ausführen und sich dann schnell auf einen der freien Stühle setzen. Nach jeder Runde scheidet ein Spieler aus, und ein Stuhl wird entfernt. Gewonnen hat der letzte Reisende, der übrig bleibt! Seine Belohnung ist eine kleine Spieluhr, die auf einem Puppenstuhl aus dem Spielwarengeschäft festgeklebt ist.

| **Anmerkungen:** Der Spielleiter muss aufpassen, ob die Aufgaben richtig ausgeführt werden. Ist die Gruppe etwas größer, braucht man mehrere Spielleiter.

| **Aufgabenvorschläge:**
- eine Minute auf einem Bein stehen, ohne umzufallen
- ein Glas Wein, Selters, Bier ... trinken
- zehn Liegestütze machen
- ein Lied pfeifen
- etwas essen
- einen Knoten lösen

Shows

Die Dia-Show

Bedeutungsvolle Momente im Leben beider, in denen der Partner nicht anwesend war

| **Zeit:** ca. 20–30 Minuten.

| **Mobiliar:** Stühle, die wie im Kino angeordnet sind.

| **Material:** Dia-Projektor und Dias.

| **Verlauf:** Eine der Braut / dem Bräutigam nahe stehende Person zeigt den Anwesenden lustige Ausschnitte aus Baby-, Kinder-, Teenager- und jüngst vergangenen Tagen der Brautleute und kommentiert alles humorvoll und passend. Ganz Professionelle unterlegen die Show noch mit passender Musik, vom Wiegenlied über den Tanzstundenhit bis zum »Lied des Paares«, falls es so etwas gibt.

| **Anmerkungen:** Bei der Auswahl der Dias sollte darauf geachtet werden, dass immer abwechselnd ein Bild der Braut und eins des Bräutigams gezeigt und eine Verbindung zwischen beiden Bildern aufgebaut wird.

Die Überraschungsauktion

Hier werden so interessante und besondere Dinge angeboten – ob man das wörtlich nehmen kann?

| **Zeit:** ca. 20 Minuten.

| **Mobiliar:** Tisch und Stuhl.

| **Material:** Kärtchen und ein Hammer.

| **Verlauf:** Die Gäste stehen oder sitzen vor dem Auktionator, der mit seinem Hammer die Auktion eröffnet. Er kündigt wertvolle Gegenstände, einzigartige Fundstücke und Antiquitäten an. Sein Assistent hält das alles in einem verdeckten Korb neben der Bühne. Nach und nach nennt der Auktionator den kaufwilligen Gästen die Dinge, ohne sie jedoch zu zeigen. Mindest- und Höchsteinsatz richten sich dabei nach den finanziellen Möglichkeiten der Hochzeitsgesellschaft. Wer das Höchstangebot erbracht hat, geht nach vorn und holt sich von einem Assistenten des Auktionators seine Überraschung ab.

| **Vorschläge für die Kärtchen und die sich dahinter verbergenden Gegenstände:**
- luxuriöse Schlafgelegenheit: Wolldecke
- antike Traumfrau, der man das Alter nicht ansieht: Barbie
- Ritterrüstung: aus Playmobil
- schnittiges vierrädriges Auslaufmodell: Plastiktrabi
- wertvolle Gebrauchskeramik: Nachttopf
- Geschirr für sechs: Pferdegeschirre
- Rustikales Eigenheim: Schneckenhaus
- Beliebtheitselixier: Mundwasser

| **Anmerkungen:** Der Erlös der Auktion kann einem vorher festgelegten und bekannt gegebenen guten Zweck zukommen oder einen Zuschuss zur Hochzeitsreise bieten.

Die Playback-Show

Bei der Playback-Show kann jeder Gast einmal im Rampenlicht stehen und zur Unterhaltung der Festgesellschaft beitragen

| **Zeit:** Nach Belieben, mindestens 30 Minuten.

| **Material:** Eine Musikanlage (Kassettenrecorder oder CD-Player), ein anschließbares Mikrofon.

| **Verlauf:** Neben oder hinter einer kleinen (impovisierten) Bühne oder Aufführungsfläche wird die Anlage angeschlossen. Der Spielleiter verteilt nach dem Zufallsprinzip Texte bekannter und beliebter Lieder an die Gäste, die sich für dieses Spiel melden. Diese suchen sich dann unter zehn Möglichkeiten ein Lied aus, das sie kennen und singen wollen. Auf dem Hintergrund der Musik und synchron zu den Stimmen der eigentlichen Interpreten erklingen nacheinander die Lieder. Die ganz individuelle Interpretation sowie mögliche Showeffekte geben dieser Darbietung die besondere Note.

| **Anmerkungen:** Die beste Darbietung kann anschließend durch das Hochzeitspaar prämiert werden (z. B. in Form einer CD). Als Trostpreise für die anderen sind besonders starke Halsbonbons denkbar.

| **Variante:** Eine zugespitzte Variante der Playback-Show ist die Karaoke-Show, bei der der Sänger nur die Instrumentalmusik (die aus dem Karaoke-Gerät kommt) im Hintergrund hört und ohne stimmliche Führung oder Begleitung den Text singen muss. Diese Shows sind sehr beliebt und lustig, decken so manches schlummernde Talent auf oder steigern zumindest die Stimmung auf der Hochzeitsparty. Karaokemaschinen mit eingespeicherten Liedern kann man in vielen Musikgeschäften mieten.

Tanzspiele

Seiltanz ins Glück

Verschiedene Tanzstile auf einem am Boden liegenden Seil – das erfordert Geschicklichkeit und Einfallsreichtum

| **Zeit:** ca. 30 Minuten.

| **Material:** Ein Seil.

| **Verlauf:** Fünf Spieler werden aus der Festgesellschaft auf die Tanzfläche gebeten, auf der das Seil liegt. Sie müssen zu vier unterschiedlichen Musikrichtungen jeweils rhythmisch passende Tanzbewegungen ausführen. Die Dauer jeder Sequenz beträgt eine Minute. Dabei dürfen sie nicht vom Seil abkommen! Im Anschluss an die Vorführungen wird die Preisverleihung vorgenommen. Der Sieger bzw. die Siegerin darf mit einem Partner / einer Partnerin nach Wahl den Paarseiltanz (s. S. 83) eröffnen. Auswahl an möglichen Musikstilen: Jazz, Flamenco, Klassik, Disco, Rap, Oper …

| **Anmerkungen:** Dieses Spiel gelingt am besten, wenn alle schon ein bisschen warmgetanzt sind. Auch bei artistisch begabten Gästen empfiehlt es sich aus Sicherheitsgründen nicht, das Seil höher als auf dem Boden anzubringen!

Paarseiltanz

Hier können sich die Tänzer näher kommen – manchmal näher, als sie denken!

| **Zeit:** ca. 10 Minuten (drei bis vier Lieder).

| **Material:** Seile, Fotoapparat.

| **Verlauf:** Die Oberkörper der Tanzpaare werden mit einem Seil locker zusammengebunden, wobei jeder seine Arme unter dem Seil an den eigenen Körper legt. Die Beine bleiben ungefesselt. Nun versuchen die Paare, sich so gut wie möglich zu vier verschiedenen Musikstilen zu bewegen. Das Brautpaar geht währenddessen herum und macht Fotos von den Verrenkungen seiner Gäste.

Hochzeitswalzer

Der traditionelle Brautwalzer, zu neuem Leben erweckt, bringt nach und nach alle Gäste auf die Tanzfläche

| **Zeit:** 15 Minuten.

| **Verlauf:** Das Hochzeitspaar beginnt im Kreis der Gäste allein zu tanzen. Nach zwei Minuten wird die Musik unterbrochen, und die beiden müssen sich neue Tanzpartner unter den Gästen suchen. Jedes neue Tanzpaar bringt neue Tänzer auf's Parkett. Die Musikunterbrechungen werden so lange fortgeführt, bis die gesamte Hochzeitsgesellschaft tanzt.

| **Anmerkungen:** Anschließend wird die Musik noch ein letztes Mal gestoppt, und es kann nach Lust und Laune der Partner für die nächsten Tänze gewechselt oder beibehalten werden. Die folgenden Tänze werden dann ohne Unterbrechung getanzt.

Einfrieren

Wie sieht es aus, wenn Bewegungen plötzlich erstarren?

| **Zeit:** ca. 5–10 Minuten.

| **Verlauf:** Die Tanzenden bewegen sich paarweise, einzeln oder in Gruppen zur Musik auf der Tanzfläche. Plötzlich wird die Musik gestoppt, und alle müssen gestisch und mimisch in der Bewegung erstarren, die sie gerade eingenommen haben. Sie wirken wie eingefroren. Nach ein paar Sekunden wird die Musik fortgesetzt, die Erstarrung löst sich, und der Tanz geht weiter. Auch hier geht das Brautpaar unterdessen herum und macht Erinnerungsaufnahmen mit einem Fotoapparat oder einer Videokamera.

Lichtertanz

Ein brennendes Teelicht auf dem Kopf balancieren und dabei nicht aus dem Takt kommen!

| **Zeit:** ca. 30 Minuten.

| **Material:** Pappen, auf denen Teelichter befestigt sind.

| **Verlauf:** Unter den Gästen werden fünf Tanzpaare ausgewählt, die jeweils eine Pappe mit einem brennenden Teelicht auf ihren Kopf gestellt bekommen. Sie müssen zu einer ihnen vorher nicht bekannten Musikrichtung miteinander drei Minuten lang tanzen, ohne dass eine der Kerzen erlischt oder herunterfällt. Eine passende Prämie sind Duftkerzen. Musikstile: siehe *Seiltanz ins Glück*, S. 82.

| **Anmerkungen:** Ein Gummiband, das rechts und links in die zu einem Viereck geknickte Pappe eingefasst wurde, wird unter das Kinn gezogen und hindert die Pappe und das Licht am Herunterfallen. Damit es dennoch nicht zu Verbrennungen, Brandlöchern oder anderen unliebsamen Zwischenfällen kommt, sollte besonders gut auf die sichere Befestigung der Pappen auf den Köpfen und der Teelichter auf den Pappen geachtet werden! Sollte man dennoch Bedenken gegen dieses »Spiel mit dem Feuer« haben, können die Teelichter durch andere Gegenstände wie gekochte Eier o. Ä. ersetzt werden.

Fackeltanz

Eine besonders temperamentvolle Variante der (Braut-)Werbung!

| **Zeit:** ca. 10 Minuten.

| **Material:** Brennende Fackeln.

| **Verlauf:** Sechs bis acht Gäste suchen sich einen Tanzpartner bzw. eine Tanzpartnerin aus. Sie stehen in einer Reihe nebeneinander vor ihren Auserwählten und seitlich zum Publikum und bekommen vom Spielleiter jeweils eine brennende Fackel, mit der sie auf ein Zeichen hin einen fünfminütigen Fackeltanz beginnen. Dieser kann betont lustig, verführerisch, akrobatisch … sein; die Hauptsache ist, dass er zum Ziel führt und die/der Umworbene auf die Tanzfläche folgt! Der Tanzwettbewerb endet mit einer Preisverleihung. Die übrigen Gäste stimmen über die beste Darbietung ab und mischen sich dann selbst mit Partnern ihrer Wahl (ohne vorausgehenden Fackeltanz!) unter die Tanzenden.

| **Anmerkungen:** Der Preis für die beste Leistung ist ein Extratanz mit der Braut oder dem Bräutigam in einem Musikstil nach Wahl. Dieses Spiel ist weniger gefährlich, als es klingt, weil nur wenige Tänzer teilnehmen und mehrere Spielleiter bereitstehen.

Storchentanz

Wer hätte gedacht, dass diese großen Vögel so elegant tanzen können?

| **Zeit:** ca. 15 Minuten

| **Material:** Ein Seil

| **Verlauf:** Unter den Gästen werden fünf Tanzpaare ausgewählt, die sich einander gegenüber aufstellen. In ihrer Mitte halten Braut und Bräutigam ein Seil zunächst in Kniehöhe. Die Tanzenden müssen versuchen, über das Seil aufeinander zuzutanzen, ohne das Seil zu berühren. Dazu erklingt beliebige Tanzmusik.
Nach ein paar Minuten folgt jeweils die nächste Runde, wobei das Seil jedes Mal um einige Zentimeter höher rückt, sodass es für die Tanzpaare immer schwieriger wird, es tanzend zu überqueren. Natürlich führen ihre Anstrengungen zu vielen komischen und phantasievollen Einfällen und Körperverrenkungen.
Die Brautleute sind gleichzeitig Schiedsrichter. Sieger ist das Tanzpaar, das bis zuletzt durchgehalten hat, ohne das Seil zu berühren. Als Preis bekommt es ein vergoldetes (= mit Goldfarbe bemaltes) Stück Seil und ein Foto, das während des Spiels von seiner sportlichen Leistung gemacht wurde.

Anmerkungen: Die Höhe des Seils sollte langsam und insgesamt in vier Etappen gesteigert werden. Allzu hoch darf es nicht kommen – die Tanzpaare sollen eine echte Chance haben, es mit Geschick und Einfallsreichtum wirklich noch tanzend zu überwinden.

Alte Bräuche neu verpackt

Manche ehrwürdigen Hochzeitsbräuche und -traditionen werden in diesem Kapitel vorgestellt – gleich darauf wird ihnen in der modernen Variante »der Zopf abgeschnitten«.
So erscheinen sie in neuem Gewand, parodieren alte Rollenbilder und traditionelle Vorstellungen und geben zur Heiterkeit – und mitunter auch zum Nachdenken – Anlass.
Die gleiche Funktion können fremdländische Bräuche ausüben, die Sie vielleicht zu eigenen kreativen Spielideen inspirieren.

So feierten die Großeltern – so feiern wir heute

Die Suppe auslöffeln

Jetzt wird einmal gemeinsam die Suppe ausgelöffelt!

| **Tradition:** Hühner gehören seit jeher nicht nur in unserer Kultur zum traditionellen Hochzeitsessen. Ein Huhn wird dem Brautpaar auch andernorts als Fruchtbarkeitsgeschenk mitgebracht oder als Schutz vor bösen Dämonen geschlachtet. Eine Hühnersuppe wurde der Braut und dem Bräutigam oftmals als Glückssuppe am Morgen des Hochzeitstages gereicht.

| **Variante:** An die paarweise zusammenstehenden Gäste werden kleine Schalen mit der so genannten Glückssuppe verteilt. Mit einem Suppenlöffel im Mund und hinter dem Rücken gehaltenen Händen versucht der eine, den Partner mit der Suppe zu füttern. Das Paar, das am schnellsten sein Schälchen geleert hat (ohne den Inhalt zu vergießen!), hat gewonnen.

| **Zeit:** ca. 10 Minuten.

| **Anmerkungen:** Servietten bzw. Lätzchen nicht vergessen: Es könnte trotz großer Geschicklichkeit der Spieler etwas daneben gehen und dadurch das ein oder andere Hochzeits-Outfit in Mitleidenschaft gezogen werden!

Der süße Glücksbrei

Nur einer kann der Glückspilz sein

| **Tradition:** Körner und Getreide sind ebenso Glück verheißend wie Hühner und Hähne! Deswegen gibt es in vielen Gegenden für das Brautpaar zur Hochzeit den so genannten weißen Glücksbrei aus Hirse und Milch, der – ganz nach Belieben – mit Honig, Nüssen und Rosinen gesüßt und verfeinert wird.

| **Variante:** Ähnlich wie beim Auslöffeln der Glückssuppe werden an die Gäste auch hier kleine Näpfe mit dem weißen Brei verteilt, die ausgelöffelt werden sollen. In einer (oder mehreren) der Schalen ist ein Glücksbringer (z. B. ein Schokoladenpfennig oder -würfel) versteckt. Wer ihn in seinem Brei findet und nicht verschluckt, bekommt als Gewinn einen Glückspilz oder ein vierblättriges Kleeblatt.

| **Anmerkungen:** Die im Brei versteckten Gegenstände sollten wegen der Gefahr des Verschluckens nicht zu klein sein; sehr junge und sehr alte Gäste sollten aus dem gleichen Grund lieber nicht mitspielen. Die Portionen bitte klein bemessen, damit noch Hunger für das Büfett bleibt!

| **Zeit:** ca. 10 Minuten.

Hochzeitspaar auf der Flucht

Warum nur wollen die beiden jetzt allein sein?

| **Tradition:** Ein bekannter deutscher Hochzeitsbrauch ist die Entführung der Braut. Sie wird während des Polterabends oder der Hochzeit entführt. Der Bräutigam muss sie dann suchen und (nachdem er sie gefunden hat) zu ihrer Auslösung ein Lösegeld zahlen. Oft bezahlt er als Lösegeld die Zeche der Entführer, die die Braut in eine Gaststätte verschleppt haben.

| **Variante:** Braut und Bräutigam haben sich aus dem Staub gemacht. Die Gäste werden in mehrere Gruppen eingeteilt. Jede Gruppe schreibt eine möglichst originelle Antwort auf, aus welchem Grund und wohin sie verschwunden sein könnten. Das Brautpaar, das vorher im Verborgenen ebenfalls gemeinsam seine Version des Hergangs notiert hat, kommt zurück, sammelt die Antworten ein und liest sie dann laut vor. Die Antwort, die der Antwort des Brautpaares am nächsten kommt oder am originellsten ist, wird prämiert.

| **Anmerkungen:** Es sollte nicht mehr als sechs bis sieben Gruppen geben, damit alle Antworten leicht im Gedächtnis behalten werden können.

| **Zeit:** ca. 30 Minuten.

Küsse über die Hochzeitstorte

Sportlicher Ehrgeiz und lange Beine sind gefragt

| **Tradition:** Eine Geschichte, die über die mehrstöckige Hochzeitstorte erzählt wird, ist die, dass sie ursprünglich aus den Kuchen entstanden ist, die die Gäste zur Hochzeitsfeier mitgebracht haben und die dann aufeinander gestapelt wurden. Dabei konnte das Brautpaar besonders stolz auf einen hohen Tortenturm sein, denn er wurde mit einem besonders hohen Ansehen gleichgesetzt. Allerdings machte eine hohe Torte die Aufgabe schwerer, die dem Paar bevorstand: Es musste sich nämlich über den Turm hinweg küssen, ohne dass er einstürzte. Gelang dies, so war ihnen Glück im Augenblick und in der Zukunft gewiss!

| **Variante:** Das Hochzeitspaar muss sich ebenfalls zunächst über die Hochzeitstorte hinweg küssen, was ihm bei durchschnittlich großen Torten noch gut gelingen wird. Anschließend wird die Torte aber in drei Steigerungen erhöht und die Aufgabe dadurch für das Paar zunehmend schwieriger. Sollte das Paar die Herausforderung nicht meistern, so darf es ein anderes Gästepaar, das vom Brautpaar bestimmt wird, probieren. Das Spiel ist beendet, wenn ein Paar die Aufgabe gelöst hat.

| **Anmerkungen:** Die Höhe der Torte kann durch Mobiliar wie Tische und Stühle gesteigert werden. Es sollte allerdings darauf geachtet werden, dass die Höhe so gewählt wird, dass die Aufgabe noch bewältigt werden kann.

| **Zeit:** ca. 10–20 Minuten.

Ohne Fleiß keinen Brautstraußpreis!

Fangen, singen, dichten, erzählen ...

| **Tradition:** Es ist üblich und bekannt, dass die Braut nach der Trauung als Zeichen, dass sie jetzt keine Braut, sondern eine Ehefrau ist, ihren Brautstrauß unter die Brautjungfern oder unverheirateten und heiratswilligen weiblichen Gäste wirft. Diejenige, die den Strauß fängt, wird die nächste Braut sein.

| **Variante:** Mehrere Frauen bekommen die Chance, den Brautstrauß zu erlangen und damit möglicherweise gute Karten für eine baldige Hochzeit zu haben! Dazu stellen sie sich wie beim traditionellen Brauch auf. Die Braut wirft ihren Strauß mit dem Rücken zu den Frauen dreimal nacheinander, sodass drei von ihnen in der Endausscheidung stehen. Diese drei Frauen müssen dann ganz spontan eine Minute lang dem Publik eine Stegreifnummer bieten, sei es singend, dichtend, erzählend, auf Händen und Füßen ... Anschließend wird unter allen Versammelten über die beste Nummer abgestimmt. Die Gewinnerin erhält den Brautstrauß.

| **Zeit:** ca. 20 Minuten.

| **Anmerkungen:** Bei zwei gleich guten Antworten kann der Brautstrauß geteilt werden. Wenn das nicht geht, sollten für die beiden Verliererinnen kleine Troststräuße bereitstehen.

Brautmaien

Die geballte Kraft der guten Wünsche

| **Tradition:** In Schwaben wird in einigen Haushalten nach alter Tradition eine Woche nach der Hochzeit ein kleines Tannenbäumchen für die Braut auf besondere Art und Weise bestückt. Liebe Menschen hängen an seine Zweige lauter bunte Stoffbeutel mit haltbaren Lebensmitteln, die das Paar monatelang erhalten können.

| **Variante:** Hier wird ein fiktiver Brautmaien in Gruppen entworfen. Dazu werden beliebig viele Gruppen zu jeweils vier bis sechs Personen gebildet, die ein Pappplakat bekommen, auf dem jeweils ein Tannenbaum mit je fünf Zweigen aufgezeichnet ist. Die Gruppenmitglieder malen, zeichnen oder schreiben jetzt an die Zweige insgesamt zehn Gegenstände oder abstrakte Wünsche, die sie dem Brautpaar für die Zukunft mitgeben wollen. Sie haben dazu 10 Minuten Zeit. Anschließend werden die Plakate von den Gruppenmitgliedern unterschrieben und ausgestellt. So können sie im Laufe der Feier von allen begutachtet werden und gehen später als Erinnerung an das Brautpaar.

| **Zeit:** ca. 20 Minuten.

Hochzeitstortenessen asiatisch

Nur gut, dass niemand hungrig ist ...

| **Tradition:** In einigen Gegenden ist es üblich, dass das Hochzeitspaar gemeinsam die Hochzeitstorte mit einem großen Messer anschneidet und sich dann gegenseitig mit dem ersten Stück füttert. Danach gibt es dann auch ein Stück für die Gäste.

| **Variante:** Um das süße Geschmackserlebnis ein wenig zu verlängern, wird die Torte von allen gemeinsam mit Stäbchen gegessen. Dazu wird sie von asiatischem Personal (oder einem auf asiatisch zurechtgemachten Service) zum Brautpaar und der Gesellschaft getragen. Wie im bekannten Brauch schneiden die beiden Frischvermählten den Kuchen gemeinsam an und verteilen dann jeweils ein Stück an die Gäste, die sich unterdessen darüber wundern, dass keine Gabeln neben ihren Kuchentellern liegen. Die asiatische Bedienung verteilt Stäbchen, und jetzt geht es darum, das Tortenstück so geschickt und schnell wie möglich mit diesen Esswerkzeugen aufzuessen. Die ersten drei Gewinner bekommen eine kleine Flasche chinesischen Pflaumenwein, alle anderen einen Glückskeks.

| **Anmerkungen:** Das Brautpaar ist von diesem Spiel ausgenommen und fungiert als Spielleiter. Anschließend dürfen die beiden dann selbst ihre Stücke essen, mit Stäbchen oder Gabel – ganz nach Belieben!

| **Zeit:** ca. 15 Minuten.

Die magische Türschwelle

Moderne Fitness vs. alte Geister

| **Tradition:** Geheimnisvolle Wesen, die der Braut skeptisch gegenüberstehen, hausen unter der Türschwelle des neuen Hauses. Deshalb betritt die frisch gebackene Ehefrau sie vorsichtshalber zunächst einmal nicht selbst. Sie wird vom Bräutigam ins Haus getragen und entgeht so allen bösen Geistern.

| **Variante:** Die Braut wird dieses Mal nicht über die Türschwelle getragen, sondern sie muss eine dreiteilige Ehe-Feuerprobe bestehen, indem sie sich a) im Entengang, b) auf allen Vieren und c) mit geschlossenen Augen rückwärts springend über die Schwelle bewegt, ohne sie zu berühren. Wenn ihr das gelingt, trägt der Bräutigam sie unter den Augen der applaudierenden Gäste vielleicht zur Belohnung doch noch in seinen Armen hinüber!

| **Zeit:** ca. 5–10 Minuten.

| **Anmerkungen:** Hilfspersonal (z. B. zum Halten der Schleppe) ist gestattet! Es kann auch eine imaginäre Schwelle symbolhaft auf den Boden gemalt werden.

Das Flitterwochenspiel

Butter oder Honig oder was?

| **Tradition:** Flitterwochen sind »erst« seit etwa 500 Jahren üblich. Während dieser Zeit, die unterschiedlich lang sein kann, soll es sich das Brautpaar besonders gut gehen lassen, es soll miteinander (oftmals an einem anderen als dem Heimatort) eine besonders schöne Zeit als frisch verliebtes und getrautes Paar verleben. Andere Namen für den uns vertrauten Begriff Flitterwochen sind Lachwoche, Butterwochen, Zärtelwochen, Kussmonat und die Honigwoche, die an den englischen Begriff »honeymoon« erinnert.

| **Variante:** Die Gästeschar wird in acht Gruppen zu jeweils vier bis sechs Personen geteilt. Jede Gruppe erhält vom Spielleiter ein Kärtchen, auf dem einer der obigen Namen oder ein anderer Begriff steht, der die Flitterwochen passend umschreibt. Die Aufgabe für die Gruppen ist es, ein passendes fiktives Reiseziel für das Brautpaar zu finden, das a) möglichst originell ist und b) zum Namen auf dem Kärtchen passt. Dafür stehen 15 Minuten zur Verfügung. Anschließend werden dem Brautpaar die Begriffe und Ideen dazu vorgelesen, und der beste Vorschlag wird von ihm prämiert.

| **Zeit:** ca. 30 Minuten.

| **Anmerkungen:** Alle Vorschläge können gesammelt und dem Brautpaar später in Form eines kleinen Reiseprospektes überreicht werden.

Something old, something new ...

Kaum zu glauben, was alles Glück bringen soll

| **Tradition:** Gemäß einer alten angelsächsischen Tradition trägt die Braut an ihrem Hochzeitstag vier ganz spezielle Dinge, die ihr Glück bringen sollen: etwas Altes (something old), etwas Neues (something new), etwas Geborgtes (something borrowed) und etwas Blaues (something blue).

| **Variante:** Durch Losverfahren wird dieses Mal bestimmt, was die Braut an Glücksbringern bei sich tragen wird. Dazu werden alle Gäste aufgefordert, auf eine Karte jeweils vier Gegenstände aufzuschreiben, die den jeweiligen Kategorien entsprechen. Der Bräutigam sammelt anschließend alle Karten ein und gibt sie in eine große Schüssel, wo sie gemischt werden. Dann zieht die Braut eine Karte und liest laut vor, welche Glücksbringer sie in die Ehe begleiten werden. Diese werden dann schnellstmöglichst besorgt und die Braut damit vom Bräutigam oder einer anderen Person ausgestattet.

| **Spieldauer:** ca. 20 Minuten.

| **Anmerkungen:** Es sollte darauf hingewiesen werden, dass es sich bei den Gegenständen zwar auch um originelle und für einen derartigen Anlass weniger übliche Dinge handeln darf, dass bestimmte Grenzen aber eingehalten werden müssen (also keine blauen Monteuranzüge oder altes Gemüse für die Braut!).

Reis und Bonbons

Das Glück schmeckt süß!

| **Tradition:** Reis, Erbsen oder andere quellende Früchte gelten als Segens- und Glückssymbole und werden dem Hochzeitspaar zugeworfen, wenn es nach vollzogener Trauung aus der Kirche oder dem Standesamt kommt. Außerdem ist Reis ein Fruchtbarkeitssymbol in vielen Kulturen.

| **Variante:** Nachdem das Hochzeitspaar ausgiebig mit Reiskörnern beworfen wurde, könnte es als Dankesgeste seinerseits ein paar Handvoll Reis unter die Gäste werfen, um das Glück wie einen Spielball in die Menge zurückzuwerfen. Das Besondere an dieser Geste ist, dass unter die Reiskörner kleine bunte Bonbons gemischt sind, die besonders die Kinder unter den Gästen begeistert aufsammeln werden. Wer die größte Ausbeute hat, bekommt den ersten Brautkuss!

| **Zeit:** ca. 10 Minuten.

Hochzeit hier und dort – andere Länder, andere Bräuche

Viele vertraute Hochzeitsbräuche sind nicht allein in die Seiten 90–100 dieses Buches, sondern auch in die Sketche und Spiele eingegangen, z. B. der Ringwechsel (S. 28 und S. 32), die Hochzeitstorte (S. 24 und S. 26) und das Reiswerfen (S. 47).
Und wie ist es mit Brautschleiern, Holzsägen, Hochzeitstorten und Brautentführungen in anderen Teilen unserer Erde? Was bedeutet die Hochzeit anderen Völkern, und wie wird sie in anderen Kulturen gefeiert? Auf den folgenden Seiten finden Sie eine Fülle von Bräuchen aus anderen Ländern. Einige von ihnen haben sich schon in diesem Buch niedergeschlagen. Vielleicht möchten Sie jetzt noch den einen oder anderen übernehmen oder für Ihre Feier variieren.
Oder irgendein Detail daran regt Sie an, selbst einen Sketch oder ein Spiel zu erfinden.

In Europa

Hirschböcke und Hennen in England

Neben dem deutschen Polterabend, zu dem die Familie, Freunde und Bekannte eingeladen werden, um altes Geschirr zu zerschlagen und damit die bösen Geister von der neu zu schließenden Ehe fern zu halten, gibt es vor allem in der angelsächsischen Tradition die Junggesellen- und Junggesellinnenpartys, *stag* (= Hirsch) bzw. *hen parties*, auf denen ausgelassen der Abschied von der Ungebundenheit gefeiert wird.

Die Hochzeitstorte

Zum krönenden Abschluss des Hochzeitsmenüs oder schon vorher erscheint im angelsächsischen Raum oftmals eine Aufsehen erregende Hochzeitstorte, die meistens drei- und in manchen Fällen sogar noch mehrstöckig ist. Der traditionelle *wedding cake* wurde in drei Lagen gebacken und durfte und sollte erst nach drei Monaten wahrhaft schmackhaft sein. Dabei beweist die Zahl der Tortenschichten nicht allein den Reichtum der Familie, sondern wiederholt die heilige Zahl drei. Die erste und oberste Lage besteht aus weißem Zuckerguss und ist in seiner Süße ein Zeichen für die Liebe. Marzipan als zweite Lage ist ein Symbol für den Brautstand, denn unter die süßen Mandeln werden stets ein paar bittere gemischt. Die dritte Schicht der Torte besteht aus einem *plum cake* (Rosinenkuchen), der den Ehestand symbolisiert, also zugleich süß und nahrhaft, mitunter aber auch schwer verdaulich ist! Dass Hochzeitstorten nicht immer unproblematisch sind, zeigen auf andere Art auch die Sketche auf S. 24 und S. 26!

Küsse über dem Tortenturm

Eine andere Geschichte rankt sich ebenfalls um die Hochzeitstorte, die besagt, dass der Tortenturm aus den Kuchen entstanden ist, den die Gäste zur Hochzeit mitgebracht haben und die dann aufeinander gestapelt wurden. Je höher der Kuchenturm ist, desto höher ist bzw. wird auch das Ansehen des jungen Paares werden und desto schwieriger wird auch die Aufgabe, die dem Hochzeitspaar bevorsteht: Sie müssen sich über den Tortenturm hinweg küssen, ohne dass er stürzt. Ein Spiel zu diesem Brauch finden Sie auf S. 93.

Jüdische Hochzeit

Bei der jüdischen Hochzeit trinkt das Paar aus einem Glas, das der Bräutigam danach mit dem Fuß zertreten muss. Zerbricht das Glas beim ersten Tritt in etliche Scherben, so wird die Ehe glücklich, denn Scherben bringen auch hier Glück. Außerdem versuchen Braut und Bräutigam, einander auf den Fuß zu treten. Wer das nicht schafft, wird in Zukunft unter dem Pantoffel des anderen stehen.

Gastgeschenke in Griechenland

In vielen Ländern ist es üblich, den Hochzeitsgästen vor oder nach der Hochzeitsfeier ein kleines Geschenk zu machen. So bekommt z. B. in Griechenland jeder Hochzeitsgast zur Begrüßung eine Süßigkeit aus gebratenen und mit weißem Zuckerguss überzogenen Mandeln, eine sogenannte Mpumpuniera, die in weißen, rosafarbenen oder blauen Tüll gewickelt ist.

Werbung in Italien

Auch in Italien verteilt das Brautpaar gezuckerte Mandeln, die das Süße und Bittere im Leben symbolisieren sollen, an die Eingeladenen. Ebenfalls dort konnte übrigens in einigen Gegenden immer noch beobachtet werden, wie der Bräutigam traditionell um die Hand seiner Braut anhielt. Entweder brachte er ihr – je nach vorhandenen Talenten singend oder spielend – ein Abendständchen unter ihrem Fenster oder aber einen Holzklotz. Um herauszufinden, ob seine Auserwählte ihrem Verehrer die entsprechenden Gefühle entgegenbringt, und als bildhaften Heiratsantrag legt der Mann abends einen Baumstamm oder Holzklotz vor ihre Tür – der Wink mit dem Zaunpfahl sozusagen! Ist das Stück Holz am nächsten Morgen verschwunden, so bedeutet das, dass die Frau seinen Antrag angenommen hat. Ein zur Seite gerollter Stamm bedeutet hingegen eine negative Antwort. Diese Methoden führen in Deutschland nicht immer zum erwünschten Ergebnis, das beweist Ihnen der Sketch auf S. 36.

Brautbad in Bulgarien

Die bulgarische Braut soll strahlend und rein in die Ehe gehen. Damit sie ordentlich ins Schwitzen gerät, muss sie vor der Hochzeit über einen roten Gürtel, der von der Brautmutter bereit gehalten wird, in einen Badezuber springen, unter dem die Kohlen glühen. Diese Tradition des Brautbadens kannte man schon in der griechischen und römischen Antike, und er setzt sich auch in anderen Kulturen fort.

Braut-Erklettern in Rumänien

In Rumänien war es früher der Mann, der sich anstrengen musste, um seine Braut zu erwerben. Ihr Brautkranz wurde von den Freunden nämlich in einen möglichst hohen Baum gelegt und musste vom Bräutigam geholt werden. Bevor er also seine Kletterkünste nicht erfolgreich unter Beweis gestellt hatte, war an den Traualtar noch nicht zu denken! Als kleine Hilfestellung bildeten die Freunde eine Menschenpyramide, von der aus der Bräutigam leichter den Baum erklimmen konnte. Die Braut kam dann erst wieder nach der Hochzeit zum Zuge, indem sie nach der Trauungszeremonie auf der Schwelle ihres neuen Hauses Rosenwasser verspritzte und mit dem Bräutigam und allen Gästen Salz und Weizenkörner in alle Himmelsrichtungen warf.

In anderen Erdteilen

Schätze aus 1001 Nacht

Erzählungen von traditionellen islamischen Hochzeitsvorbereitungen rufen europäische Traumbilder von orientalischen Nächten wach ...
Die Hochzeitszeremonien dauern eine ganze Woche, in deren Verlauf die Braut mit Goldmünzen, Kräutern, Salz, Eiern und Orangenblüten überschüttet wird. Während sie ruhig auf ihrer Aussteuertruhe sitzt, füttert man sie mit sieben Trauben. Sobald sie eine Traube verzehrt hat, öffnet man den Deckel ihrer Truhe und spricht eine heilige Formel. Diese Beschwörungen heben frühere Rituale auf. Als sie als junges Mädchen geschlechtsreif wurde, band man sie z. B. an einen Webstuhl, um so ihre Jungfräulichkeit zu »versiegeln«. Das Sprechen der

geheiligten Formel erwirkt nun die Erlösung der Braut von diesem Bann.

Kronen, Kränze, Diamanten ...

Für ihre Hochzeit wird die Braut dann sorgfältig hergerichtet. Sie wird mit Safran, Henna, Mehl, Indigo, Bohnen und einer Mandelpaste bemalt. Kajal betont ihre Augen. Ihr Körper wird vollständig enthaart, gewaschen, eingesalbt und parfümiert und das Haar zu einem geflochtenen Turm frisiert. Kronen, Kränze, Diamanten, Perlen und Hyazinthsteine schmücken ihr Haupt.

Seide, Satin, Juwelen ...

In dieser Ausstattung wird die Braut auf einen Thron gehoben, der reich mit Seide, Satin, Juwelen und Laternen behangen ist. Dort verweilt sie einen ganzen Tag lang und würdigt schweigsam die vielen Geschenke, die ihr dargebracht werden. Am siebten Tag schließlich wird sie auf einer prunkvollen Sänfte zu ihrem Tempel gebracht, wo ihr zu Ehren ein Tier geopfert wird, dessen Blut sich über die vorher mit Ei bestrichene Türschwelle und den Eingang ergießt.

Henna und Honig in Indien

Auch in Indien sitzt die Braut zunächst ruhig da und lässt sich von den Frauen Glück bringende Ornamente an Händen, Knöcheln und anderen Körperstellen mit Henna aufmalen. Das erfordert von der Braut Geduld, denn diese Kosmetik kann bis zu drei Tagen dauern. Gleichzeitig wird sie von den Frauen nebenbei über ihre Rechte und Pflichten als zukünftige Ehefrau aufgeklärt.
Am eigentlichen Tag bleibt die Braut in ihrem Hause (dort findet normalerweise die Hochzeit statt) und wartet auf den Bräutigam, der der Tradition entsprechend mit einem Glück verheißenden Getränk aus Honig und Joghurt empfangen wird. Braut und Bräutigam betreten bei der Zeremonie von unterschiedlichen Seiten einen kleinen, im Innenhof

aufgebauten Pavillon. Sie sehen sich oftmals in diesem Moment zum ersten Mal, und die Braut wird dem Bräutigam vom Brautvater übergeben.

Sieben Schritte um das Feuer

Wichtig ist das heilige Feuer, in das das indische Brautpaar Reis und Butteröl als Opfergabe wirft. Anschließend wird die Kleidung der beiden verknotet, und das Paar geht in dieser Verbundenheit sieben Schritte um das Feuer herum. Es wird mit Weihwasser besprengt, und dann beginnt das Hochzeitsfest, das je nach Vermögen und sozialem Stand der Brauteltern mehrere Tage dauern kann.

Betelpäckchen und Reis auf Java

Anstatt mit Reis oder Blüten beworfen zu werden, bewirft sich das Hochzeitspaar auf Java gegenseitig mit Betelpäckchen. Wer zuerst den anderen trifft, wird in der Ehe die tonangebende Rolle spielen. So ganz zufällig ist der Ausgang dieses traditionellen Spiels auf Indonesien jedoch nicht, denn die Braut macht es dem Bräutigam der Sitte entsprechend leicht, sodass es so manches Mal kein Zufall ist, wenn sie daneben wirft ...

Auf Java gehört ein Reisgericht zum traditionellen Hochzeitsessen. Mann und Frau füttern sich gegenseitig mit Reiskörnern, um zu zeigen, dass jeder in Zukunft für den anderen sorgen will. Nach dem gemeinsamen Essen überreicht der Bräutigam dann der Braut als symbolische Gabe Reis und Geldmünzen, um ihr zu zeigen, dass es in ihrer gemeinsamen Ehe niemals an einem von beidem mangeln wird.

Geldgeschenke und die Farbe Rot in China

In vielen Kulturen spielt die Farbe Rot eine wichtige Rolle bei der Hochzeit, besonders in China. Ließ sich die chinesische Braut früher in einem roten Hochzeitsgewand und roten Schleier in einer Sänfte zum Hause des Bräutigams tragen, so überwiegen heute eher westliche Hochzeitskleider und ein

festlich geschmücktes Auto bei diesem Anlass. Auch der Bräutigam zieht einem traditionellen Kostüm meist einen westlichen Anzug und eine rote Nelke am Revers vor.
Die Gäste, die bereits Monate zuvor eingeladen wurden, bedanken sich für die Einladung oftmals in Form von klein zusammengefalteten, in rote Tütchen verpackten Geldscheinen, die zur Finanzierung der Hochzeit beitragen. Von diesem Brauch lebt die Idee des Sketches auf S. 40.
Vor dem Hochzeitstag wird das Hochzeitszimmer, das sich meist bei den Eltern der Braut oder des Bräutigams befindet, geschmückt und mit symbolträchtigen Drachen- und Phönixdarstellungen dekoriert.
Die Hochzeit in China ist ein fröhliches und lautes Ereignis. Knallkörper werden angezündet, Speisen und Getränke werden im Überfluss geboten, und je mehr das Brautpaar verulkt wird, desto glücklicher wird die spätere Lebensgemeinschaft werden. Indiskrete Fragen über die Liebesbeziehung der beiden, Spiele und Sketche sind üblich auf diesen Festen, und so manch chinesisches Brautpaar muss sich vor der Hochzeitsnacht erst einmal vergewissern, ob nicht eine kichernd lauschende Person aus der Familie unter dem Bett liegt!

Milch und Kuhdung in Kenia

Einer noch härteren Probe ist die Braut bei den Massai im afrikanischen Kenia ausgesetzt. Mit den Worten »Möge Gott dir viele Kinder schenken« spuckt der Vater ihr Milch als seinen Segen auf Kopf und Brust. Dann muss sich die Braut auf den Weg zum Haus ihres Bräutigams machen, der von den Eltern ausgewählt wurde und den sie meistens nicht kennt. Umdrehen darf sie sich auf ihrem Weg nicht, sonst wird sie nach Stammesglauben in Stein verwandelt. Damit sie unversehrt ankommt, wird sie von den Familienmitgliedern des Bräutigams begleitet. Hindernisse räumt man ihr aus dem

Weg, notfalls wird sie auf Händen über Steine und Flüsse getragen. Am Ziel erwartet sie noch eine Herausforderung: Die Frauen im Hause des Bräutigams beleidigen und beschimpfen sie und schmieren ihr Kuhdung auf den Kopf. Durch ihre Reaktion auf diese Misshandlungen zeigt sie, ob und wie sie in der Lage ist, zukünftige Probleme in ihrer Ehe zu meistern.

Ocker und Butterfett in Namibia

Bei den Himbas im afrikanischen Namibia wird zu Ehren des Brautpaares bereits am Tag vorher lebhaft gefeiert. Die Frauen cremen sich dazu mit einer Paste aus rotem Ocker und Butterfett, Duftstoffen und Harz ein, wobei die Farbe Rot das Leben symbolisiert. Die namibische Braut ist übrigens von ihrer kenianischen Schwester zu beneiden: Wenn sie im Haus ihres Bräutigams ankommt, wird sie von dessen Verwandten begrüßt und als Zeichen dafür, dass sie willkommen ist, mit Butterfett von den Kühen des Mannes eingerieben.

Junggesellinnen-Strip in Brasilien

Ganz besonders wild geht es in Brasilien zu, wenn die Braut zum letzten Mal mit ihren Freundinnen feiert. Schnaps fließt in großen Mengen, und jede Frau bringt der Braut ein Geschenk mit, das besonders originell und gut verpackt ist. Die Braut hat drei Chancen herauszufinden, was sich in dem Päckchen befindet. Rät sie richtig, darf sie es auspacken; errät sie den Inhalt nicht, muss sie für jedes falsch erratene Geschenk ein Kleidungsstück ausziehen und dazu einen Schluck Schnaps trinken. Begleitet wird dieser Spaß vom Geschrei und Applaus der geladenen Frauen, und als Erinnerung für die Braut gibt es oftmals delikate Erinnerungsfotos an diesen letzten Tag in Freiheit.

Zum Schluss: Gedanken über Liebe und Ehe

So unterschiedlich wie die Hochzeitsbräuche sind auch die Meinungen über den Sinn der Ehe. Natürlich haben auch Sie sich schon darüber Gedanken gemacht. Aber es ist doch immer interessant zu erfahren, was andere Köpfe denken. George Bernard Shaw zum Beispiel (der selbst lange und gern verheiratet war) urteilte: »Die Ehe bleibt deshalb so beliebt, weil sie ein Maximum an Versuchung mit dem Maximum an Gelegenheit verbindet.« Vielleicht stimmen Sie ihm oder einem anderen Statement zu, das Sie auf den folgenden Seiten finden.

Jeder weiß: Ein sicheres Rezept für eine glückliche Ehe gibt es nicht!

Jean Paul Sartre

Friedrich Nietzsche

Ist die Ehe »eine lebenslange Doppelhaft ohne Bewährungsfrist und ohne Strafaufschub, verschärft durch Fasten und gemeinsames Lager«, oder sollte die eheliche Liebe vielmehr als »gemeinsame Freude an der wechselseitigen Unvollkommenheit« bezeichnet werden? Beruht eine gute Ehe einfach nur auf dem »Talent zur Freundschaft«?

Cantor

Stanley Jones

Der Skeptiker hält die Ehe für einen »Versuch, zu zweit mit Problemen fertig zu werden, die man allein niemals gehabt hätte«, worauf ihm sein Seelenverwandter mit erhobenem Zeigefinger zustimmt: »Die Trauung ist in einer Stunde vollzogen, aber man braucht ein ganzes Leben, um verheiratet zu sein.«

Blaise Pascal

Friedrich von Schiller

Ist die Liebe also nur »der Triumph der Phantasie über die Erfahrung«, und sollen wir es mit dem deutschen Klassiker halten, der da sagt: »Drum prüfe, wer sich ewig bindet, ob sich das Herz zum Herzen findet! Der Wahn ist kurz, die Reu' ist lang«?

Schlussgedanken 111

Fritz Leist	Doch ist die Ehe nicht auch »ein Kunstwerk der Liebe, ein Werk des Könnens, an dem beide bauen, ändern , korrigieren und neu gestalten – ein ganzes Leben hindurch.« Ist sie nicht immer noch oder immer wieder für viele etwas ganz Besonderes?
Johann Wolfgang von Goethe Honoré de Balzac	»Freiwillige Abhängigkeit ist der schönste Zustand – und wie wäre der möglich ohne Liebe?«, auch wenn man in ihr »einen unaufhörlichen Kampf gegen ein Ungeheuer führen (muss), das alles verschlingt: die Gewohnheit.«
Voltaire	Wenn also die Liebe zwischen Braut und Bräutigam »ein Stoff (ist), den die Natur gewebt und die Phantasie bestickt hat«, dann ist es von Anbeginn umso wichtiger, dafür zu sorgen, dass in der Ehe die Flamme der Phantasie nie ausgeht.
Antoine de Saint-Exupéry	»Liebe besteht nicht darin, in den anderen hineinzustarren, sondern darin, gemeinsam nach vorne zu blicken«, mahnt der geistige Vater des Kleinen Prinzen, und eine deutsche Dichterin fügt hinzu: »Liebe ist das einzige, was

Ricarda Huch

Theodor Fontane

Ludwig Feuerbach

Max Ophüls

wächst, wenn wir es verschwenden.« Sicher bedarf sie der Zuwendung und Pflege, »lebt sie doch von liebenswürdigen Kleinigkeiten«, aber »je glücklicher wir einen anderen machen, umso glücklicher werden wir selbst.« Oder, weniger tiefsinnig, aber sicher ebenso beherzigenswert, ein Geheimtipp am Ende:

»Das Geheimnis einer guten Ehe ist, einer Serienaufführung immer wieder Premierenstimmung zu geben.«